Argumentieren und Erörtern:
Vom Schreibanlass zum überarbeiteten Text

TANDEM deutsch

Arbeitstechniken und Lösungswege
zum Schreiben in der 9. und 10. Klasse
Ein Themenheft der Reihe TANDEM

Herausgegeben von: Martin Fix

Erarbeitet von: Markus Felder, Martin Fix, Peter Haußmann, Annegret Schatz und Frank Speer

Best.-Nr. 027100 X

Schöningh

Umschlaggestaltung: INNOVA, Borchen
Illustrationen auf dem Umschlag und im Innenteil: Susanne Kuhlendahl

Website
www.schoeningh.de

E-Mail
info@schoeningh.de

Druck: westermann druck GmbH, Braunschweig

Druck 5 4 3 2 1 Jahr 06 05 04 03 02

ISBN 3-14-027100-X

Dieses Werk folgt der reformierten Rechtschreibung und Zeichensetzung. Ausnahmen bilden Texte, bei denen künstlerische, philologische oder lizenzrechtliche Gründe einer Änderung entgegenstehen.

Inhaltsverzeichnis

Einführung

Argumentieren und Erörtern – vom Schreibanlass zum überarbeiteten Text

Schriftliches Argumentieren

In der Schule begegnet dir das schriftliche Argumentieren vor allem in einer Aufsatzform: der Erörterung. Es gibt verschiedene Möglichkeiten, einen solchen Text aufzubauen, zum Beispiel in einer steigernden Anordnung der überzeugendsten Gesichtspunkte oder in einem Wechsel zwischen Pro und Kontra.
Welche Form du auch wählst – immer wirst du dabei argumentieren müssen, indem du eine Ausgangsfrage anhand von Begründungen, Belegen und Beispielen beantwortest. Dafür bietet dir das vorliegende Heft Arbeitstechniken und Übungen an:

- Von der Recherche zu einem Schreibanlass
- über die Auswertung der gefundenen Informationen
- zum Schreiben, Überarbeiten und
- Präsentieren deiner Ergebnisse.

Erörterung

Die Erörterung, die seit der griechischen Antike eine lange Tradition hat, war ursprünglich eng mit der Rede verwandt. Erst im 19. Jahrhundert ging diese rhetorische Ausrichtung verloren; übrig blieben die gedankliche Abhandlung eines Sachverhaltes (Sacherörterung) und das Nachdenken über Wertvorstellungen oder aktuelle Probleme (Problemerörterung). So wichtig diese Schreibtätigkeiten auch sein mögen, sie verengen das schriftliche Argumentieren auf einen Teilaspekt.

Adressatenorientierung

Anders als herkömmliche Ratgeber beschränken wir uns deshalb nicht nur auf das Einüben einer Textsorte, sondern wir wollen den Sinn und Zweck des Erörterns im Hinblick auf die Leserinnen und Leser in den Mittelpunkt stellen: Man sollte sich beim Schreiben seine Adressaten genau vorstellen.

Schreibziel

Im täglichen Leben wird argumentiert, wenn eine bestimmte Situation dies erfordert: Es werden Leserbriefe verfasst, Redemanuskripte vorbereitet, Stellungnahmen abgegeben. Welchen Aufbau man seinem Text gibt, welche Argumente man auswählt, welche Wörter und Sätze angemessen sind, hängt entscheidend davon ab, wer den Text später liest und was damit erreicht werden soll: Aus dem Schreibanlass ergibt sich ein Schreibziel.

Immer wieder wirst du von uns aufgefordert, dich auf dein Schreibziel zu besinnen, dir klar zu machen, wozu dein momentaner Arbeitsschritt gut ist. Sichtbar wird dies im Heft durch das Symbol des Leuchtturms, der dein Ziel darstellen soll, während du dich selbst auf einem Schiff vorstellen kannst, das eine Seereise unternimmt und verschiedene Inseln (die einzelnen Kapitel) ansteuert.

Schreiben als Prozess

Die Symbole Insel und Leuchtturm haben wir ausgewählt, weil sie gut verdeutlichen, dass der Prozess des Schreibens nicht auf einem klar vorgezeichneten Weg verläuft, sondern eher einer Fahrt auf dem offenen Meer gleicht: Du weißt nicht, wie am Ende dein fertiger Text genau aussieht (das Ufer, das du erreichst, an dem du aber vorher noch nie warst). Dein Kurs ist im Voraus nicht genau planbar (manchmal musst du vielleicht gegen den Wind kreuzen, an anderen Stellen sind Riffe zu umschiffen, sicher spürst du aber auch einmal Rückenwind).

Inseln als einzelne Lernstationen

Hilfe erhältst du immer auf einer Insel. Du kannst also jederzeit auch „zurücksegeln" oder nur bestimmte Inseln aufsuchen. Die Inseln sind daher so gestaltet, dass man sie unabhängig voneinander erarbeiten kann.

Rahmenthemen

Um die Orientierung an Schreibanlass und Schreibziel in allen Arbeitsschritten deutlich zu machen, ziehen sich zwei Rahmenthemen durch das ganze Heft, die du am entsprechenden Symbol erkennen kannst:

Thema 1: „Familie – ein überholtes Modell?"

Thema 1

Thema 2: „Wie viel Mobilität braucht der Mensch?"

Thema 2

Anhand des ersten Themas wird ausführlich und kleinschrittig vorgestellt, was zu tun ist, bei der Bearbeitung des zweiten Themas musst du dagegen mehr Arbeitsschritte selbst ausführen.
Die Themen können innerhalb der Inseln mehrfach wechseln. Das wird dir durch das jeweilige Symbol angekündigt: Es zeigt an, welches Thema von dieser Stelle an bis zum Erscheinen des anderen Symbols behandelt wird.

Aufgaben

Aufgaben und Arbeitsaufträge sind in jedem Teilkapitel fortlaufend nummeriert.

Die einzelnen Inseln

Das Schreibziel, das sich hinter dem Leuchtturm verbirgt, erreichst du durch den Besuch der verschiedenen Inseln, auf denen dir die Arbeitsschritte beim Verfassen eines argumentativen Textes gezeigt werden:

Schreibanlass und Schreibziel

In diesem Kapitel

- wird gezeigt, welche Anlässe es gibt, einen argumentativen Text zu verfassen,
- siehst du, wie eine Schreibaufgabe konkret aussehen könnte,
- lernst du den Schreibanlass kennen, der als Übungs- und Beispielaufgabe für die anderen Kapitel dient,
- lernst du, ein Schreibziel für deine Arbeit zu formulieren.

Der Schreibanlass

Schreibanlässe

Es gibt viele Situationen im Leben, die Anlass bieten, eine schriftliche Argumentation zu verfassen. Dazu gehören nicht nur Texte auf dem Papier (zum Beispiel Leserbriefe), oft müssen auch mündliche Vorträge vorher schriftlich ausgearbeitet werden. Einige Schreibanlässe siehst du hier:

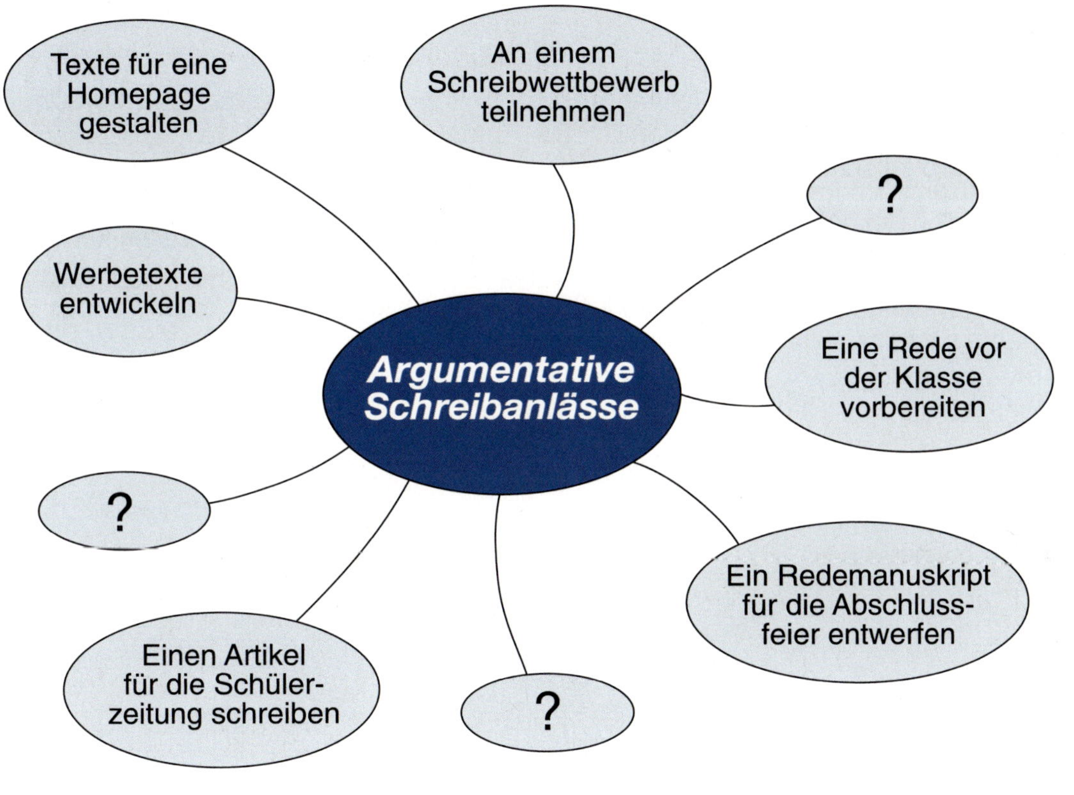

1. Suche weitere Schreibanlässe.

Die Schreibaufgabe

In einer Jugendzeitschrift findest du die folgende Aufforderung, an einem Schreibwettbewerb teilzunehmen:

> **Familie – ein überholtes Modell?**
>
> Lebst du in einer klassischen Familie?
> Oder sind deine Eltern geschieden und dein Vater oder deine Mutter sind allein erziehend?
>
> Welche positiven und negativen Aspekte hat die Familie als Lebensform für dich? Welche Rolle spielt die Familie für dich persönlich in der Zukunft? Und welche Rolle soll die Familie in der Zukunft in unserer Gesellschaft haben?
> Schicke uns einen Artikel, in dem du schreibst, wie du über diese Fragen denkst! Aus den drei besten Einsendungen wählt ihr selbst als Leserinnen und Leser den besten Text aus!
> Der Gewinnerin oder dem Gewinner winkt eine Freikarte für ein Top-Live-Konzert der Saison in einem Ort deiner Wahl, für das wir auch einen Backstage-Besuch organisieren werden.
> Einsendeschluss ist der ...

Der Schreibanlass ist hier die Teilnahme an dem Schreibwettbewerb, das Thema lautet „Familie – ein überholtes Modell?“. Die Aufgabe ist es, einen Beitrag für diesen Wettbewerb zu schreiben.

Cluster

Eine gute Möglichkeit, Ideen zu einem Thema zu sammeln, ist das Erstellen eines so genannten Clusters (engl.: Bündel). Man beginnt mit einem Ausgangsbegriff, der in die Mitte eines leeren Blattes geschrieben wird. Von diesem Punkt aus zieht man Linien und schreibt rasch Einfälle auf. Aus den Einfällen ergeben sich weitere, die wieder mit einer Linie verbunden werden, bis ein ganzes Netz von Ideen sichtbar wird. Dieses kann man später zu einer Mind-Map ordnen (vgl. Seite 33f.).

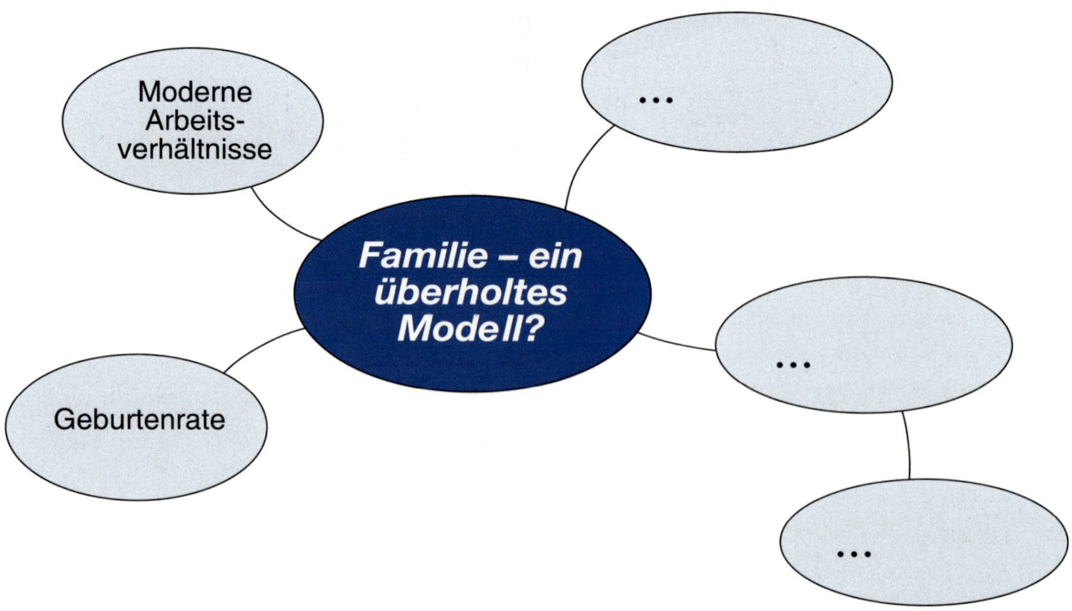

2. Entwirf einen eigenen Cluster mit Begriffen, die dir zu diesem Thema einfallen.

3. Einigt euch anschließend in Gruppen- oder Partnerarbeit auf die fünf wichtigsten Aspekte.

Das Schreibziel

Bevor es mit der Arbeit losgeht, musst du dir Gedanken machen, welches Ziel du verfolgst. Dieses Ziel, das immer die Grundlage für die Erarbeitung deines Textes ist, nennen wir Schreibziel. Es dient als Orientierung während des ganzen Schreibprozesses und wird immer wieder überprüft.
Du willst mit deinem Artikel den Schreibwettbewerb gewinnen – das Ziel dürfte also anders aussehen als etwa beim Vorbereiten einer Rede für die Elternversammlung, denn dein Text soll ja auch Jugendliche ansprechen.

Du musst dir zum Beispiel folgende Fragen stellen:

Vorarbeiten

a) Welche Begriffe muss ich klären, wozu brauche ich mehr Informationen?
Vergleich früher – heute, Begriffswandel, Scheidungsrate …

Adressaten

b) Wer sind meine Leser/Zuhörer (= die Adressaten)?
Vorwiegend andere Jugendliche, weniger Erwachsene, Eltern …

Eigene Einstellung

c) Wie sieht meine Einstellung und Zukunftsvorstellung zum Thema aus? Auf welcher „Seite" stehe ich?
Familie ist wichtig / unwichtig, weil …
Ich möchte später eine Familie gründen / keine Familie gründen …

Absichten

d) Was möchte ich mit meinem Text erreichen, wovon will ich die Adressaten überzeugen?
Familien muss es auch in Zukunft geben / wird es nicht mehr geben, weil …

4. Suche weitere Fragen, die dir helfen, einen Überblick zu bekommen.

Mithilfe dieser und weiterer Fragestellungen, für die du Ideen hast, kannst du nun dein Schreibziel für deine Arbeit formulieren. Ein Schreibziel für unsere Aufgabe könnte zum Beispiel so aussehen:

Mein Text soll die Leser zum Nachdenken und Mitdiskutieren anregen, vielleicht sogar aufrütteln. Ein Drittel aller Ehen wird sowieso geschieden. Ein echtes Familienleben findet bei uns nicht mehr statt. Wie auch – meine Eltern müssen schließlich beide arbeiten. Ich glaube, dass es in Zukunft nicht mehr viele Familien geben wird und die Gesellschaft andere Modelle für das Zusammenleben entwickeln muss. Diese Ansicht möchte ich „rüberbringen".

Ein anderes Beispiel ist das folgende Schreibziel:

Ich möchte die Leser in meinem Artikel davon überzeugen, dass die Familie bei vielen persönlichen Problemen hilfreich sein kann. Es soll deutlich werden, dass die Familie auch in Zukunft für mich und die Gesellschaft wichtig sein wird, selbst wenn es immer mehr Scheidungen gibt und viele Menschen gar keine Zeit mehr für ein richtiges Familienleben haben.

Das Schreibziel kann sich natürlich im Verlauf der weiteren Arbeit noch verändern: Du merkst zum Beispiel bei der Textauswertung, dass du vielleicht zu einigen Punkten doch anderer Meinung bist, als du anfangs gedacht hast. Dann kannst du dein Schreibziel später umformulieren und präzisieren.

5. Wie sieht deine Einstellung zum Thema aus? Formuliere ein eigenes Schreibziel.

Auch bei unserem zweiten Thema geht der Weg vom Schreibanlass über die konkrete Schreibaufgabe zum Schreibziel:

Schreibanlass:

Projekt: Mobilität

In der Schule wurde ein Projekt zum Thema „Wie viel Mobilität braucht der Mensch?" durchgeführt. Als Abschluss sollen die teilnehmenden Schülerinnen und Schüler ihre Ergebnisse präsentieren und zu einzelnen Aspekten Reden halten. Der Schreibanlass ist die Projektpräsentation und das dazu benötigte Redemanuskript.

Schreibaufgabe:

Stell dir vor, du müsstest eine solche Rede halten. Da es sich um ein Projekt handelt, ist die Schreibaufgabe nicht genau vorgegeben. Du musst selbst entscheiden, auf welche Aspekte du dabei genauer eingehen willst.
Das Thema hat viele Fassetten: Der Mensch ist heute einerseits auf Mobilität (Beweglichkeit) angewiesen, leidet aber andererseits an ihren Folgen. Verkehrsströme müssen bewältigt werden, gleichzeitig sollen Umwelt und Lebensqualität erhalten werden. Mobilität betrifft Arbeitswelt und Freizeit, Erwachsene und Jugendliche.

Im Lauf des Projekts ist der folgende Cluster entstanden:

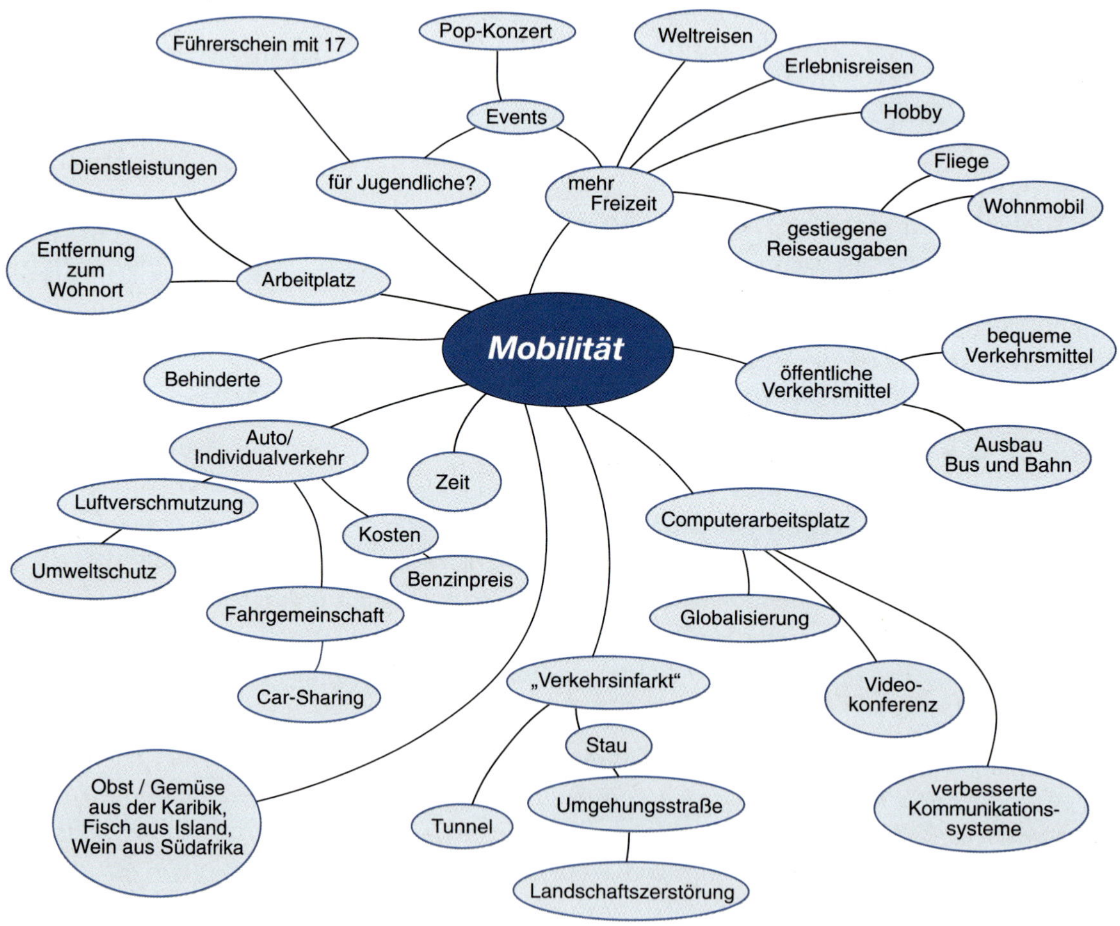

6. Wähle Aspekte aus, die dich interessieren.

7. Erstelle daraus eine Mind-Map (eine Anleitung für Mind-Maps findest du auf Insel 3, Seite 33).

8. Formuliere ein Thema für eine Rede.

9. Formuliere ein Schreibziel für dein Redemanuskript.

Recherchieren und Sammeln

In diesem Kapitel

- lernst du, Aspekte zu deinem Thema zu sammeln,
- lernst du, wo du nach geeigneten Texten und Statistiken zu deinem Thema suchen kannst,
- wird gezeigt, wie du deine Suche eingrenzen kannst,
- siehst du, wie du das gefundene Material so ordnest, dass du hinterher gut damit arbeiten kannst.

Beim Argumentieren zu einem Problem oder Sachverhalt greifst du entweder auf eigene Beobachtungen, Erfahrungen und Vorstellstungen oder auf Informationen durch andere (z.B. aus Texten, Karikaturen, Statistiken ...) zurück.

Eigene Aspekte sammeln

Zunächst kannst du ohne Rückgriff auf fremde Texte Aspekte zu deinem Thema sammeln. Dafür siehst du hier verschiedene Möglichkeiten aufgeführt:

Reklame

Werbung übertreibt gerne! Finde einprägsame Werbesprüche, die Stellung zu deinem Thema beziehen. Die Sprüche dürfen auch im Gegensatz zu deiner Meinung stehen.

Auto-Fokus

Schließe die Augen und stelle dir das Thema als Bild vor. Suche den für dich wichtigsten Bereich des Bildes heraus und beschreibe, was du siehst.

Schnellschreiben (Brainstorming)

Konzentriere dich auf dein Thema und schreibe möglichst schnell alles auf, was dir dazu einfällt. Du brauchst dabei nicht auf irgendeine Ordnung zu achten.

Bäumchen wechsel dich!

Sammelt schlagwortartig verkürzte Standpunkte zu eurem Thema auf Kärtchen. Verteilt diese „Standpunkte“ beliebig und diskutiert in der Klasse darüber. Wichtig: Es muss streng nach der ausgelosten Rolle argumentiert werden.

Danach gehst du dazu über, mithilfe verschiedener Informationsquellen nach Informationen zu suchen:

Wenn du über genügend Sachkenntnisse verfügst, kannst du stichhaltigere Argumente formulieren, deine Einstellung überzeugender klar machen, deinen Standpunkt gründlicher erläutern.

Deshalb folgt nach der ersten Klärung des Schreibziels als nächster Schritt bei der Bearbeitung deiner Schreibaufgabe das Recherchieren von geeigneten Informationen zu deinem Thema.

Mit einer bloßen Anhäufung von Texten ist es aber nicht getan. Du kannst dich bei der Erstellung einer sinnvollen Informationssammlung an den „**4 S**“ orientieren:

Suchen
Sichten
Sichern
Sortieren

a) Suchen:
Was suche ich genau – auf welche Fragen möchte ich Antworten finden?

b) Sichten:
Wie lässt sich meine Suche eingrenzen?
Was ist für meine Fragestellung brauchbar?

c) Sichern:
Wie kann ich meine Funde für die spätere Verwendung festhalten?

d) Sortieren:
Wie kann ich das gefundene Material sinnvoll systematisch ordnen, sodass ich danach gut damit arbeiten kann?

Suchen

Was suche ich genau – auf welche Fragen möchte ich Antworten finden?

Wonach suche ich?

Suchst du im Internet mithilfe einer Suchmaschine nach einem bestimmten Stichwort, so bekommst du unter Umständen Tausende von Suchergebnissen. Ähnlich ist es in einer großen Bibliothek. Damit du nicht zu viel Zeit sinnlos verbrauchst und hinterher zu viel Material hast, das du gar nicht verwenden kannst, solltest du dir also zunächst nochmals klar machen, wonach du eigentlich suchst.

Für die Erarbeitung deines Themas benötigst du Texte, die du nach folgenden Kriterien untersuchen und auswerten kannst:

- Begriffsklärungen und Definitionen
- Sachinformationen und Argumente für bestimmte Thesen
- Meinungen und ihre Begründungen
- Daten, Statistiken und Schaubilder als Belege
- Fallbeispiele

Dafür ist es hilfreich, vor der Recherche Stichworte zu notieren, die sich aus den Fragen zum Thema (siehe Insel 1) ergeben, um deine Suche einzugrenzen. Diese Stichworte könnten zum Beispiel so aussehen:

Was bedeutet der Begriff Familie genau?
Entwicklung der Familie, Familie früher und heute
Gibt es Informationen zur Zukunft der Familie?
Welches Zahlenmaterial gibt es zur Familie?

1. Ergänze weitere Stichworte, die dir einfallen und die für dich wichtig sind.

Wo kann ich nach geeignetem Material suchen?

Hier bieten sich viele Möglichkeiten:

Such-möglichkeiten

2. Nenne weitere Suchmöglichkeiten.

Im Folgenden stellen wir dir einige Suchmöglichkeiten näher vor:

Suche in Bibliotheken

Bibliotheken

Zuerst bietet sich die Suche in Lexika und anderen Nachschlagewerken an, um einen ersten Überblick zum Thema zu gewinnen. In der Bibliothek kannst du dich zunächst an die Mitarbeiter wenden, die dich gerne unterstützen und dir bei der Suche nach entsprechenden Büchern oder Zeitschriften zu deinem Thema behilflich sind.
Überlege vorher nochmals, nach welchen Stichwörtern du genau vorgehen möchtest. Notiere dir während der Suche alle Fachbegriffe, die dir später nützlich sein könnten.

Suche in elektronischen Lexika

Elektronische Lexika

In elektronischen Lexika kannst du ebenfalls Begriffe wie „Familie" nachschlagen. Hier erhältst du grundlegende Informationen, die einen ersten Überblick bieten. So sieht eine entsprechende Seite, zum Beispiel in der Enzyklopädie der Firma Microsoft, aus:

Suche im Internet

Internet

Hier gibt es mehrere Möglichkeiten:

a) Du kannst so genannte Suchmaschinen für dich nach Informationen zu eingegebenen Stichwörtern suchen lassen:

www.google.de　　www.yahoo.de

b) Eine weitere Möglichkeit ist es, die Seiten von bekannten Zeitschriften, Zeitungen oder Institutionen zu besuchen, die sich mit gesellschaftlichen Themen beschäftigen:

www.spiegel.de　　www.familie-deutschland.de
www.focus.de　　www.faz.de
www.zeit.de　　www.jetzt.de

Alle diese Zeitungen und Zeitschriften bieten wiederum eigene Suchmaschinen an, mit denen du nach Artikeln oder Berichten zu deinem Thema suchen kannst. Die jeweilige Hilfefunktion erklärt dir genau, wie du vorgehen musst. Aber Achtung: Manche Anbieter verlangen für ihre Informationen Gebühren.

Suche in öffentlichen Einrichtungen

Öffentliche Einrichtungen

Es gibt öffentliche Einrichtungen wie pro familia, die spezielle Hilfen für Familien anbieten. Du findest die Adressen im örtlichen Telefonbuch und kannst die Mitarbeiter zum Beispiel nach Prospekten und Materialien zu deinem Thema fragen.
Ebenso kannst du bei den zuständigen Ämtern wie Jugend- oder Sozialamt fragen, welche Hilfen es zum Beispiel für Familien gibt. Auch hier ist Informationsmaterial in Form von Broschüren erhältlich.

Suche im Zeitschriftenhandel

Kiosk

Hier findest du viele Zeitschriften, die sich mit dem Themenkomplex Familie – Erziehung – Eltern beschäftigen.

Eigene Umfragen

Umfragen

Im Rahmen eines Projekts bietet es sich zum Beispiel an, eigene Umfragen zu starten. Eine mögliche Umfrage siehst du hier zum Thema Mobilität:

Mobilität

1. Alter: _______ Jahre
2. Geschlecht: ○ **weiblich** ○ **männlich**
3. Wohnort: ○ **auf dem Land** ○ **Kleinstadt** ○ **Großstadt**
4. Wie kommst du zur Schule:

	Fahrrad		Bus
	zu Fuß		Straßenbahn
	Eltern bringen mich		Zug
	Roller, Mofa		Sonstiges:

5. Wie weit ist deine Schule von deinem Wohnort entfernt? Ca. ____ km
6. Welche Verkehrsmittel benutzt du, um die folgenden Ziele zu erreichen?

	Öffentliche Verkehrsmittel	Fahrrad	zu Fuß	Mitfahrt im Pkw	Mitfahrt auf Roller o.Ä.
Einkaufen					
Freunde besuchen					
Disko, Kino					
Sport					

7. Wie kommen deine Eltern zur Arbeit?
Vater: ○ zu Fuß/Fahrrad ○ Bus/Zug/Straßenbahn ○ Auto
Mutter: ○ zu Fuß/Fahrrad ○ Bus/Zug/Straßenbahn ○ Auto
8. Wie viele Autos gibt es in eurer Familie? _____ Auto(s).
9. Welche Eigenschaften passen zu welchem Verkehrsmittel? Kreuze an.

	Auto	Bus	Zug
schnell			
gut für kurze Entfernungen			
gut für weite Entfernungen			
preiswert			
bequem			
sicher			
damit zu fahren macht Spaß			
modern			
umweltfreundlich			
umweltfeindlich			

10. Was muss beim öffentlichen Verkehr verbessert werden, damit er für dich attraktiver wird? Beschreibe bitte deine Vorstellungen in Stichworten.

Vielen Dank für deine Mitarbeit!

(Quelle: Pädagogische Hochschule Freiburg, Abteilung Geografie)

Bereits beim Suchen von Texten solltest du dir über dein Schreibziel ungefähr im Klaren sein. So kannst du eine Vorauswahl treffen, ohne unnötige Zeit zu verlieren oder Material zu sammeln, das du hinterher nicht verwenden kannst.

Sichten

Wie lässt sich meine Suche eingrenzen?

Was ist für meine Fragestellung brauchbar?

Aussortieren

Lexika und andere **Bücher** bieten gegenüber dem Internet den Vorteil, dass man das Material systematischer sichten kann, indem man einen Blick in Inhaltsverzeichnisse wirft und Überschriften anschaut. Dieses gilt auch für elektronische Lexika. Aber nicht alles ist brauchbar; du musst wieder abwägen, ob es zu deiner Fragestellung passt. Prüfe dies am folgenden Eintrag der Microsoft-Enzyklopädie nach:

Formen der Familie

Die folgende Klassifizierung berücksichtigt lediglich die am weitesten verbreiteten Erscheinungsformen der Familie. In den modernen Industriegesellschaften hat sich die *Kernfamilie* als häufigster Familientypus herausgebildet. Unter Kern- oder Kleinfamilie (englisch *nuclear family*) versteht man das eheliche oder eheähnliche Zusammenleben von Frau und Mann mit ihrer unmündigen Nachkommenschaft, im Einzelfall können aber eine oder mehrere Personen wie Großmutter oder Großvater diese Zweigenerationenfamilie ergänzen.

Als *Großfamilie* oder Mehrgenerationenfamilie bezeichnet man das Zusammenleben von mindestens drei Generationen in einem Wohnverband, meist unter der Herrschaft des Patriarchen, des einzigen Mannes aus der ältesten Generation. Dieser Großfamilie gehören dann der Patriarch, seine Ehefrau (oder Ehefrauen), die gemeinsamen Söhne und deren Ehefrauen sowie die Enkelkinder an. Bei patrilinearen Großfamilien heiraten die Töchter aus (*siehe* Exogamie), Ehefrauen heiraten in die Familie ein.

(Aus dem elektronischen Lexikon: Microsoft Corporation: Microsoft Encarta Enzyklopädie, 2001)

3. Schlage unbekannte Begriffe in einem Fremdwörterbuch oder mithilfe des Programms nach.

4. Sind die von dir recherchierten Texte für deine Fragestellung brauchbar? Wähle aus.

Suchmaschine

Die Suche im **Internet** kann schnell unübersichtlich werden. Hier ist es deshalb besonders wichtig, Eingrenzungen vorzunehmen.

Als Beispiel soll die Suche mithilfe der Suchmaschine www.google.de dargestellt werden. Gibst du das Stichwort „Familie“ ein, so erhältst du ca. 3000 Ergebnisse. Deshalb musst du anhand der „erweiterten Suche“ gleich mehrere Stichwörter eingeben und deine Suche beschränken. Hilfefunktionen des Programms helfen dir dabei.

So reduziert sich die Anzahl der Suchergebnisse bereits auf ca. 80, aus denen du weiter auswählen kannst:

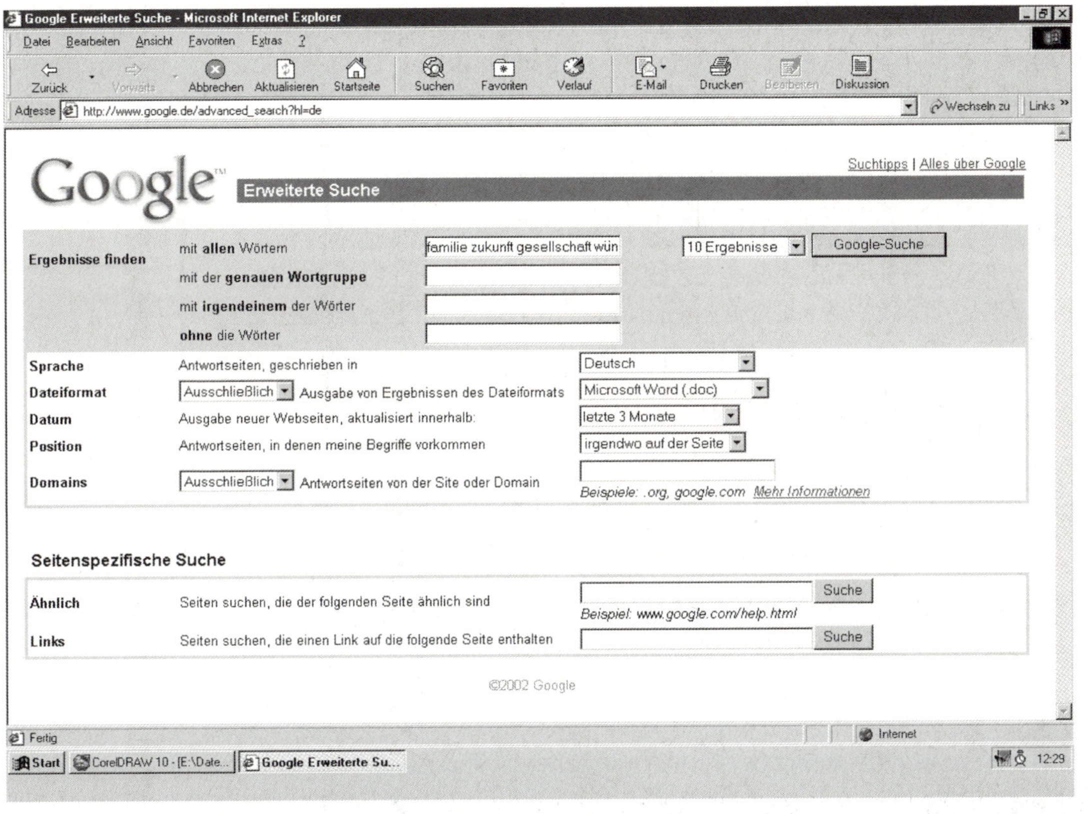

Achte bei der Eingabe von Suchbegriffen genau auf die Schreibung, eine Suchmaschine kann mit Tippfehlern in der Regel nichts anfangen.

Ein anderer Weg ist es, von Oberbegriffen auf der Startseite einer Suchmaschine wie www.yahoo.de auszugehen und sich systematisch nach unten zu klicken. Du findest dort etwa die Kategorie „Gesellschaft und Soziales“ mit der Unterkategorie „Familie“, die wiederum in ca. 20 Unterkategorien aufgeteilt ist. Dort kannst du zum Beispiel „Scheidung“ anklicken.

5. Führe die beiden dargestellten Suchvarianten zum Stichwort „Großfamilie“ durch und vergleiche die Ergebnisse.

Sichern

Wie kann ich meine Funde für die spätere Verwendung festhalten?

Inhalte sichern

In der Bibliothek kannst du dir Texte, die du nach dem ersten Überfliegen für sinnvoll erachtest, kopieren und mit nach Hause nehmen. Schreibe aber immer gleich die Quelle dazu (Autor, Jahr, Verlag, Zeitschrift, Nummer, Seite). Diese Angaben benötigst du später zum Zitieren.
Bei der Suche im Internet solltest du dir in deinem Computerprogramm ein Lesezeichen setzen, damit du später die www-Adresse wieder aufrufen kannst. Dabei ist es besonders wichtig, auf die Qualität der Quelle zu achten. Notiere dir deshalb genau, was über die Herkunft der Information zu erfahren ist.

Karteikarte

Da du wahrscheinlich zahlreiche Materialien zum Thema finden wirst, besteht das Problem, schnell den Überblick zu verlieren.
Deshalb ist es hilfreich, zu jedem Fund schon jetzt eine eigene Karteikarte anzulegen, die die wichtigsten Angaben zum Text enthält, damit du alles nachher mithilfe von Schlagwörtern und Oberbegriffen ordnen kannst. Eine solche Karteikarte könnte z.B. so aussehen:

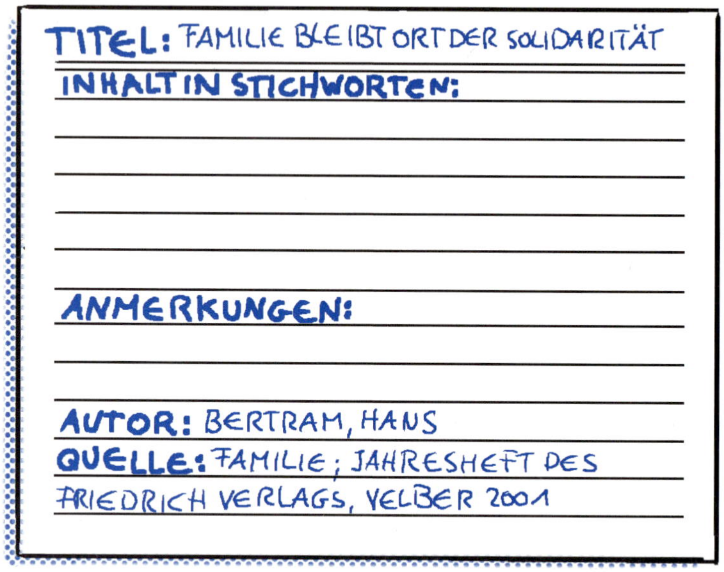

Wie du die Karteikarte letztendlich gestaltest, ist dir selbst überlassen. Hier muss jeder seinen eigenen Weg finden. Die Angaben auf der Karteikarte sind auch von der Art der Quelle und der Information abhängig.
Die Auswertungstechniken lernst du auf der nächsten Insel kennen. Danach kannst du deine Karteikarte vervollständigen (vgl. Seite 44).

Sortieren

Wie kann ich das gefundene Material sinnvoll systematisch ordnen, so dass ich danach gut damit arbeiten kann?

Material ordnen

Der letzte Schritt deiner Recherche ist die Ordnung des Materials. Du solltest deine Informationen nach bestimmten Oberbegriffen ordnen. Es bietet sich an, sich an den Stichworten zu orientieren, die du bereits bei deiner Recherche benutzt hast. Dazu könntest du deine Karteikarten in einen Karteikasten mit verschiedenen „Abteilungen“ einsortieren.

Karteikasten

Das Material zum Thema „Familie – ein überholtes Modell?“ könntest du z.B. nach folgenden Überbegriffen ordnen:

1. **Begriffsklärung:** Bedeutung des Begriffs Familie
2. **Geschichte:** Wie sah früher eine typische Familie aus, was ist heute eine typische Familie?
3. **Zukunft:** Wie werden Familien(strukturen) in der Zukunft aussehen? Wird es in Zukunft noch Familien im herkömmlichen Sinn geben?
4. **Wünsche:** Was wünschen sich Menschen in meinem Alter für die Zukunft bezüglich des Familienlebens?
5. **Eigene Vorstellungen:** Wie stelle ich mir persönlich meine Zukunft vor? Ist die Familie für mich wichtig?

Einen guten Überblick bietet auch ein Extrablatt, auf dem du als Gesamtübersicht nochmals auf einer Seite alle Texte aufführst und nummerierst. So findest du sofort ohne große Suche den geeigneten Text in deiner Kartei.

Register

Neben dem Karteikasten bietet sich das Register als Möglichkeit an. Du kannst in einen großen Aktenordner ein Register einfügen, das deine Oberbegriffe enthält. Unterpunkte, die mit wenigen Schlagwörtern den Inhalt der gesammelten Texte wiedergeben, machen das Ganze noch übersichtlicher:

Innerhalb des Registers versiehst du die Einzeltexte mit einem Deckblatt, das ähnlich wie die Karteikarte Informationen zu deinen Texten enthält.

Ob du dein Material mithilfe eines Karteikastens oder eines Aktenordners systematisch ordnest oder ob du vielleicht sogar eine eigene, andere Lösung für dich findest, musst du selbst entscheiden.

Deine Materialsammlung kann allerdings schnell einen zu großen Umfang bekommen. Erst bei der genauen Bearbeitung wirst du merken, dass der eine oder andere Text doch nicht brauchbar ist. Diese Texte entfernst du später wieder. Als Hilfe für das Schreiben deiner Argumentation eignen sich nur solche Texte, die du auch gründlich bearbeitet hast.

Damit du nicht den Überblick verlierst und mit deiner Materialsammlung effektiv arbeiten kannst, dürfen später nur Texte enthalten sein, die du bereits ausgewertet und bearbeitet hast.

Projekt Mobilität

Zu diesem Projektthema hast du bereits auf Insel 1 ein Thema ausgewählt (z.B. „Führerschein mit 17?“). Führe dazu nun die Recherche und die Auswertungsschritte selbstständig durch.
Gehe nach den „4 S“ vor: Suchen – Sichten – Sichern – Sortieren:

6. Sammle eigene Aspekte, die dir zu deinem Thema aus dem Bereich Mobilität einfallen.

7. Recherchiere mithilfe der verschiedenen Möglichkeiten, die dir in diesem Kapitel gezeigt worden sind, Texte und Statistiken zum Thema.

8. Grenze deine Suche bzw. deine Suchergebnisse ein.

9. Sichere deine Ergebnisse, indem du zu jedem Text eine Karteikarte anfertigst.

10. Sortiere das gesammelte Material in einem Karteikasten oder mit einem Register ein, sodass du sinnvoll damit arbeiten kannst.

Materialien und Texte auswerten

In diesem Kapitel

- trainierst du, auch schwierige Sachtexte und Grafiken auszuwerten und die gefundenen Aspekte zu ordnen,
- lernst du verschiedene Auswertungstechniken kennen.

Auswerten und Zusammenfassen eines Sachtextes

Auswertungstechniken

- Die folgenden Seiten erläutern am Beispiel eines schwierigen Textes, welche grundlegenden Arbeitstechniken und Arbeitsschritte angewandt werden müssen, um einen Text auszuwerten und zusammenzufassen. Als Erstes solltest du unbekannte Wörter klären. Im folgenden Sachtext sind es vor allem Fremdwörter, die du in einem Fremdwörterlexikon nachschlagen kannst (z.B. im Duden – Fremdwörterbuch).
- Verstanden hast du einen Text erst dann, wenn du ihn mit eigenen Worten zusammenfassen kannst. Dazu ist es hilfreich, Schlüsselstellen zu markieren und danach jeden Abschnitt zuerst in einem Wort – als Überschrift – oder in einem Satz wiederzugeben. Falls dir dieses Heft nicht gehört, kopierst du dir für diesen Arbeitsschritt am besten den Text.
- Anschließend schreibst du nur das Allerwichtigste auf. Wenn du dich später erneut mit dem Inhalt befasst, reicht es aus, wenn du deine eigene Zusammenfassung liest. Du wirst dich besser an das Gelesene erinnern, weil du bereits intensiv am Text gearbeitet hast.

Nachschlagen

globalisieren: auf die ganze Erde ausdehnen

Ökonomie: Wirtschaft

Mobilität: ...
flexibel: beweglich, anpassungsfähig
Kapitalismus: Wirtschaftssystem, das auf dem freien Unternehmertum basiert u. dessen treibende Kraft das Gewinnstreben Einzelner ist (Marktwirtschaft)
Stabilität: ...
Kontinuität: ...
Solidarität: ...
ökonomische Basis: wirtschaftliche Grundlage

Regeneration: ...
Machtdifferenz: Unterschied in der Stellung
Identifikation: Sichgleichsetzen mit einer anderen Person
Akzeptanz: ...

Markieren von Schlüsselstellen

Hans Bertram: Familie bleibt Ort der Solidarität

Über neue Formen des Familienzusammenhalts

Der Amerikaner Richard Sennett beschreibt den Wandel der Arbeitsbedingungen in einer globalisierten Wirtschaft durch den Vergleich des Lebens eines Zuwanderers, der als Hausmeister in Chicago arbeitet, und dem seines Sohnes, der als Mitarbeiter einer internationalen Finanzgruppe weltweit tätig ist. Der Vater hat sein Leben fast ausschließlich in der Nachbarschaft verbracht, in der auch seine Arbeitsstätte liegt. Er ist nicht nur ein geachtetes Mitglied der Kirchengemeinde, sondern lebt seit Jahren in derselben Wohnung mit seiner Frau, die auch die Mutter seiner Kinder ist, und hat stabile Beziehungen zu seinen Verwandten. Der Sohn muss recht häufig den Wohnort wechseln; er hat so gut wie keine Beziehungen zu seinen Nachbarn, seine Freundin lebt nicht am selben Ort und seine Verwandten sieht er unregelmäßig. Er ist eingebunden in ein Netz von sozialen und beruflichen Beziehungen mit Studien- und Berufskollegen, die aber weltweit verteilt sind. Sennett will an diesem Beispiel den Wandel moderner Lebensformen beschreiben, der durch eine globalisierte Ökonomie erzwungen wird: Statt stabiler, auf Dauer angelegter Beziehungen in Familie und Nachbarschaft dominieren eher lockere Beziehungen mit vielen Menschen, die national oder weltweit verteilt sind. Denn die hohe Mobilität, die dieser „flexible Kapitalismus“ erwartet, verhindert auf Dauer angelegte stabile Beziehungen. Die Fürsorge für Kinder oder die Bereitschaft, sich um die eigenen Eltern zu kümmern, setzt aber eben solche Beziehungen voraus. Kinder brauchen für ihre Entwicklung ein hohes Maß an Stabilität und Kontinuität – und Solidarität mit den Eltern kann nur gelebt werden, wenn die Eltern in der Nähe leben.

Das Bild der Familie des Hausmeisters, das Sennett entwirft, entspricht der Vorstellung von Familien in der Industriegesellschaft, wie sie der amerikanische Soziologe Talcott Parsons Anfang der 50er-Jahre beschrieben hat. Zwischen den Eltern gibt es eine klare Aufgabenteilung, in der der Vater als Hauptenährer für die ökonomische Basis der Familie verantwortlich ist und den Kindern gegenüber gesellschaftliche Leistungswerte vertritt. [...] Demgegenüber hat die Mutter die Aufgabe, den Haushalt zu führen, die Kinder zu erziehen ... Gleichzeitig soll sie auch für die Regeneration des Vaters von der Berufsarbeit Sorge tragen. Zwischen Eltern und Kindern gibt es eine klare Machtdifferenz und die Kinder übernehmen über Identifikationsprozesse die Rollen des Vaters (die Jungen) und der Mutter (die Mädchen).

Dieses Modell der Normalfamilie fand in den 50er- und 60er-Jahren in vielen entwickelten Industrieländern eine hohe Akzeptanz. Sie zeigte sich in geringen Scheidungsraten, einem niedrigen Heiratsalter (23–25 Jahre) und hohen Geburtenraten. In so gut wie allen Industrieländern lag die Geburtenrate bei mehr als zwei Kindern pro Frau im gebärfähigen Alter. Franz-Xaver Kaufmann bezeichnet diese Zeit zutreffend als das „goldene Zeitalter der (Normal-)Familie“. Nach Studien aus jener Zeit waren selbst erwerbstätige Mütter der Meinung, dass die Hausfrauen- und Mutterrolle für Kinder besser sei. Entsprechend war die Mehrheit der Jugendlichen und Eltern der Auffassung, dass die Mädchen vor allem eine Aussteuer brauchen und Jungen eine Ausbildung [...].

Randnotizen	Überschriften	Zusammenfassung
Beispiel	1. Abschnitt: Wandel der Lebensformen durch veränderte wirtschaftliche Rahmenbedingungen	1. Abschnitt: Am Beispiel von Vater und Sohn macht der Autor deutlich, wie moderne Lebensformen sich wandeln. Die Menschen heute sind gezwungen, ständig den Wohnort zu wechseln, weil dies die wirtschaftlichen Verhältnisse erfordern.
Folgerung		Die Folge sind lockere Beziehungen zu vielen Menschen statt feste. Kinder brauchen jedoch für ihre Entwicklung dauerhafte Bindungen.
Gegensatz		Vorläufiges Fazit (Ergebnis, Schlussfolgerung): Die modernen Arbeitsverhältnisse belasten stabile Familienverhältnisse.
Rückblick	2. Abschnitt: Familienverhältnisse in der Vergangenheit	2. Abschnitt: Modell der Normalfamilie in der Mitte des vorigen Jahrhunderts: Der Vater sorgt für die wirtschaftliche Grundlage der Familie durch Erwerbsarbeit. Die Mutter kümmert sich um den Haushalt und erzieht die Kinder. Diese Rollen werden von den Kindern übernommen.
Widerspruch	3. Abschnitt: Hohe Akzeptanz der traditionellen Rollenverteilung	3. Abschnitt: Das Modell der Normalfamilie in den 50er- und 60er-Jahren des vorigen Jahrhunderts wird von der überwiegenden Mehrheit der Bevölkerung akzeptiert. Auch Frauen, die einen Beruf ausüben, erklären, dass die Hausfrauen- und Mutterrolle für die Kinder besser sei.

Nachschlagen

Intimität: Vertrautheit
Distanz: ...

emotional: ...

Attraktivität: ...
Investition: ...

Humankapital: Erklärung im Text

Integration: ...
gut qualifiziert: gut ausgebildet
Finanzkonzern: ...
Expansion: Ausdehnung, Verbreitung

Legitimation: Rechtfertigung

Markieren von Schlüsselstellen

Der Abschied von der Normalfamilie

Heute ist das Heiratsalter weltweit in den Industrieländern angestiegen (28–31 Jahre), die Scheidungsraten sind in Deutschland auf fast ein Drittel aller Ehen angewachsen, die Geburtenraten sind extrem niedrig, wobei Deutschland mit 135 Geburten auf 100 Frauen gemeinsam mit Spanien und Italien das Schlusslicht bildet. Die Bundesrepublik ist auch beim Anteil der Frauen, die kinderlos bleiben werden (rund 30 %), einsamer Spitzenreiter. Wenn heute über die Krise der Familie gesprochen wird, so geht es aber nicht nur um geringe Geburtenzahlen und hohe Scheidungszahlen, vielmehr sorgen sich die meisten Autoren um die Solidarität in modernen Gesellschaften. Denn die Leistungen der Familie liegen nicht nur darin, dass die Eltern bereit sind, für ihre Kinder Geld, Zeit, Karriere und Konsum zu opfern, sondern darin, dass die Fürsorge für Kinder ein wesentliches Element der Solidarität der erwachsenen mit der nachwachsenden Generation darstellt [...]. Gleichzeitig hat die Forschung zur Lebenssituation alter Menschen gezeigt, dass der überwiegende Teil alter Menschen durch die eigene Familie unterstützt und gepflegt wird. Auch wenn man nicht im selben Haushalt lebt, wohnen die Eltern in der Nähe der Kinder. Man nennt diese Lebensform „Intimität auf Distanz". Nicht der Staat mit seinen Sozial- und Rentenleistungen ist die Stütze der alten Menschen, sondern die eigene Familie [...]. Wenn aber in modernen Gesellschaften stabile Beziehungen zunehmend infrage gestellt werden, dann sind solche solidarischen Leistungen zwischen Eltern und Kindern sowie Kindern und alt gewordenen Eltern kaum noch möglich. Denn diese Solidarität setzt starke emotionale Bindungen voraus. Bei der Diskussion um die Zukunft der Familie und die Krise der Normalfamilie geht es also nicht um die Rettung eines Ideals, sondern um die gesellschaftspolitische Frage nach der Organisation privater Formen von Solidarität.

Daher ist die Frage nicht, ob die Scheidungszahlen hoch oder niedrig sind, sondern ob sich in einer Gesellschaft mit hohen Scheidungsraten und einem hohen Heiratsalter und geringen Geburtenraten noch Eltern und Kinder finden, die diese Form von Solidarität leben. Statt also über die Krise der Familie zu diskutieren, sollte geprüft werden, in welcher Form Familien heute leben und solidarisch handeln.

Das neue Geschlechterverhältnis

Die nachlassende Attraktivität der Normalfamilie geht einher mit den Investitionen moderner Gesellschaften in das Humankapital durch die Bildungsreform der 70er-Jahre. Die Bildungsreform war von der Einsicht geprägt, dass die Bundesrepublik sich nur dann auf dem Weltmarkt behaupten kann, wenn vor allem in das Wissen in den Köpfen der Menschen (Humankapital) investiert wird. Besonders erfolgreich war die Bildungsreform in der Angleichung der Bildungschancen von Jungen und Mädchen [...]. Ohne die Integration gut qualifizierter junger Frauen in den Arbeitsmarkt wäre die heutige Dienstleistungsgesellschaft kaum entstanden. Die großen Finanzkonzerne etwa beschäftigen in der Regel mehr Frauen als Männer. Die Expansion des Ausbildungswesens und des Wohlfahrtsstaates war nur möglich, weil zuvor in das weibliche Humankapital investiert worden war. Mit dieser neuen ökonomischen Stellung der Frau in der modernen Gesellschaft zerbrach die Legitimation der klassischen Arbeitsteilung zwischen Vater und Mutter. Wenn heute Vater und Mutter zur ökonomischen Basis der Familie beitragen, gibt es weder zeitliche noch ökonomische Gründe, an der

Randnotizen	Überschriften	Zusammenfassung
Statistik als Beleg	4. Abschnitt: ...	4. Abschnitt: Die „Normalfamilie“ (wie oben beschrieben) existiert in dieser Form heute nicht mehr. Das Heiratsalter ist angestiegen, die Geburtenzahlen sind niedrig, die Scheidungszahlen hoch. Die Krise der Familie wird darin gesehen, dass zwischen Eltern und ihren Kindern die Solidarität abnimmt. Umgekehrt zeigen aber Untersuchungen, dass die alten Menschen von ihren Familien unterstützt werden. Die Stütze im Alter ist die eigene Familie, nicht der Staat. Da stabile Beziehungen aber immer seltener werden, nimmt das Gefühl der Zusammengehörigkeit ab.
	5. Abschnitt: Fragestellung	5. Abschnitt: Lassen sich trotz dieser Entwicklung noch Eltern und Kinder in der modernen Gesellschaft finden, die solidarisch handeln? Wenn ja, in welchen Formen?
	6. Abschnitt: ...	6. Abschnitt: Es besteht ein Zusammenhang zwischen den veränderten Familienverhältnissen und höheren Bildungsabschlüssen. Seit den 70er-Jahren des vorigen Jahrhunderts erwerben nicht nur Männer, sondern auch immer mehr Frauen hohe Bildungsabschlüsse. Die Dienstleistungsgesellschaft von heute ist auf die Frauen als Arbeitskräfte angewiesen. Heutzutage verdienen Vater und Mutter das Geld für die Familie. Demnach gibt es keinen Grund an der herkömmlichen Aufgabenteilung (wie in der Mitte des vorigen Jahrhunderts) festzuhalten. Die Verbindung von Beruf und Haushalt führt aber eher zu einer Belastung der Frau.

Nachschlagen

Tradition: Überlieferung

kulturelle Muster: hier: überlieferte Formen der Rollenverteilung

Konfliktpotenzial: ...

liberal: dem Einzelnen wenige Einschränkungen auferlegend, die Selbstverantwortung unterstützend, freiheitlich

Tabuthema: Thema, über das nicht gesprochen wird

Markieren von Schlüsselstellen

traditionellen Aufgabenteilung festzuhalten. Im Westen Deutschlands tragen die Mütter etwa ein Drittel, im Osten fast die Hälfte zum Haushaltsnettoeinkommen bei. Die durchschnittliche Wochenarbeitszeit von 26 Stunden im Westen und 38 Stunden im Osten führt bei den Müttern zusammen mit der Hausarbeit zu einer zeitlichen Belastung, die die der Männer in Beruf und Haushalt übersteigt.

Solange in einer Gesellschaft ein Widerspruch zwischen traditionellen männlichen und weiblichen Lebensentwürfen und den Anforderungen der Dienstleistungsgesellschaft besteht, ist das Risiko des Scheiterns von ehelichen Beziehungen größer als in den 60er-Jahren, denn kulturelle Muster lassen sich nicht ohne weiteres ändern [...]. Das größere Konfliktpotenzial der Beziehungen von Mann und Frau bedeutet aber nicht notwendigerweise, dass sich die Männer und Frauen als Eltern ihren Kindern gegenüber weniger solidarisch verhalten. Denn die höchsten Scheidungsraten haben kinderlose Paare, wohingegen bei Ehepaaren mit Kindern die Scheidungszahlen mit der Zunahme der Kinderzahl sinken. Als Konsequenz daraus wächst auch heute noch der weitaus größte Teil der Kinder (fast 80 %) mit beiden leiblichen Eltern auf. Obwohl Ehepartner heute aufgrund ihrer ökonomischen Selbstständigkeit viel leichter auseinander gehen können, ist die Bereitschaft, zusammenzubleiben und Solidarität mit den Kindern zu üben, bei den meisten Paaren stärker als potenzielle Konflikte. Aber auch die etwa 20 % der Kinder, die nicht mit beiden leiblichen Eltern zusammenleben, müssen nicht zwangsläufig auf die Solidarität der Erwachsenen verzichten. Viele neue Familienformen, wie etwa die Fortsetzungsfamilie, in der neue Partner mit den Kindern aus früheren Beziehungen zusammenleben, zeigen, dass es auch möglich ist, auf eine neue Art Solidarität zu üben [...].

Die Verhandlungsfamilie

Es haben sich aber nicht nur die Beziehungen zwischen den Ehepartnern gewandelt, sondern auch die zwischen Eltern und Kindern. In der Normalfamilie der 60er-Jahre war die ökonomische Verantwortlichkeit der Eltern bei etwa einem Drittel der Kinder schon mit dem 15. Lebensjahr beendet. Denn diese Kinder begannen als Lehrlinge ihren Lebensunterhalt selbst zu sichern. Für die meisten Eltern war nach Abschluss der Ausbildung nicht nur die ökonomische Verantwortung, sondern auch aufgrund des Auszuges der Kinder aus dem Elternhaus die erzieherische Verantwortlichkeit mit dem 19. Lebensjahr in der Regel beendet. Heute leben dagegen noch mehr als 90 % der 19-Jährigen bei ihren Eltern und bei den jungen Männern sinkt die Zahl erst nach dem 24. Lebensjahr auf unter 50 %. Die ökonomische Verantwortlichkeit der Eltern für ihre Kinder hat deutlich zugenommen und das Zusammenleben von Eltern und Kindern hat sich deutlich ausgedehnt, was die Italiener sehr treffend „Hotel Mama" nennen [...].

Wie kann es gelingen, dass Eltern und Kinder eine so lange Lebenszeit in einer Wohnung zusammenleben? Die meisten Jugendstudien zeigen, dass die heutigen Eltern gegenüber den Eltern der 50er- und 60er-Jahre einen viel liberaleren Erziehungsstil entwickelt haben, was man nirgendwo deutlicher zeigen kann als bei der Sexualerziehung. Die Sexualität von Kindern und Jugendlichen war in den 50er- und 60er-Jahren nicht nur ein Tabuthema in der Erziehung, sondern Eltern standen sogar unter Strafandrohung, wenn sie das Übernachten ihrer heranwachsenden Kinder mit Partnern oder Partnerinnen in der gemein-

Randnotizen	Überschriften	Zusammenfassung
These (Behauptung) Beleg	7. Abschnitt: ...	7. Abschnitt: Besteht ein Widerspruch zwischen den Anforderungen der Dienstleistungsgesellschaft (die auf die Frauen als Arbeitskräfte angewiesen ist) und überlieferten Lebensvorstellungen, können Ehen scheitern. Das größere Konfliktpotenzial zwischen Mann und Frau führt nicht zwangsläufig dazu, dass das Zusammengehörigkeitsgefühl zwischen Eltern und ihren Kindern abnimmt. Denn kinderlose Paare lassen sich häufiger scheiden als Ehepartner mit Kindern. Nur 20 Prozent der Kinder leben nicht mit ihren leiblichen Eltern. Aber auch die müssen nicht zwangsläufig auf Solidarität verzichten, da neue Familienformen entstanden sind, z.B. die Fortsetzungsfamilie.
	8. Abschnitt: ...	8. Abschnitt: Heutzutage leben die Kinder länger zu Hause bei ihren Eltern als in der Normalfamilie der 60er-Jahre des vorigen Jahrhunderts. Eine Umschreibung dafür lautet „Hotel Mama“.
Schlussfolgerungen	9. Abschnitt: ...	9. Abschnitt: Eltern sind heute viel liberaler als früher in der Erziehung. Dies zeigt sich vor allem in der Sexualerziehung. Die Partner der Kinder werden in die Familie einbezogen und nicht ausgegrenzt. Dies erfordert sowohl Toleranz bei den Eltern ihren Kindern gegenüber als auch die Bereitschaft der Kinder, die moralischen Vorstellun-

Nachschlagen

Toleranz: ...

tolerant: ...

autoritär: Gehorsam fordernd
Markieren von Schlüsselstellen

Markieren von Schlüsselstellen

samen Wohnung zuließen. Heute überlassen Eltern sehr viel mehr als früher ihren Kindern die Entscheidung, wie sie mit ihren Partnern und Partnerinnen umgehen. Der Hamburger Sexualforscher Günther Schmidt spricht sogar von einer „Familisierung der Jugendsexualität", weil es offenkundig viele Eltern besser finden, die Partner und Partnerinnen ihrer Kinder zu kennen und sie in die Familie einzubeziehen, als diese strikt auszugrenzen. Ein solches Verhalten erfordert nicht nur mehr Toleranz der Eltern, sondern setzt auch bei den Kindern voraus, dass sie die moralischen Vorstellungen der Eltern und den elterlichen Lebensstil in ihren Entscheidungsprozess miteinbeziehen. Auf diese Art werden Konflikte, die in allen menschlichen Beziehungen entstehen, eher ausgehandelt. Der amerikanische Sozialisationsforscher John Clausen hat eine Studie ausgewertet, die 1928 begonnen wurde und bis heute vier Generationen von Familien untersucht hat [...]. Nach seinen Ergebnissen sind offenbar vertrauensvolle und stabile lebenslange Beziehungen zwischen Eltern und Kindern im Wesentlichen davon abhängig, ob die Eltern im Lebensalter der Kinder von etwa 10 bis 16 Jahren ihre Kinder relativ autoritär nach ihren eigenen Vorstellungen erzogen haben oder aber ihnen die Entwicklungschancen gegeben haben, die in diesem Alter notwendig sind. Denn wenn sich in diesem Alter ein gutes Verhältnis zu den Eltern entwickelt hat, bleibt dieses gute Verhältnis auch im späteren Leben bestehen. Zerwürfnisse der Beziehungen in dieser Altersphase lassen sich offenkundig im späteren Leben nicht mehr reparieren. Die Entwicklung eines vertrauensvollen Verhältnisses ist aber nur dann möglich, wenn Eltern und Kinder wechselseitig über ihre Bedürfnisse und Lebensvorstellungen sprechen und verhandeln. Auch hier gilt wiederum, dass solche Beziehungen vermutlich schwieriger zu leben sind als die klaren und eindeutigen Strukturen der Normalfamilie.

(Aus: Familie, Jahresheft des Friedrich Verlags, Velber 2001 © Leske & Budrich)

Randnotizen	Überschriften	Zusammenfassung
Wissenschaftliche Untersuchungen als Beweismittel		gen und den Lebensstil der Eltern zu berücksichtigen. So werden Konflikte in menschlichen Beziehungen eher ausgehandelt. Untersuchungen zeigen, dass feste Beziehungen zwischen Eltern und Kindern ein Leben lang anhalten, wenn im Alter zwischen 10 und 16 Jahren die Kinder die Möglichkeit erhalten haben, ihre Entwicklungschancen zu verwirklichen. Wenn Kinder autoritär erzogen wurden, lassen sich Probleme in den Beziehungen zwischen Eltern und Kindern in späteren Jahren nur schwer lösen. Ein vertrauensvolles Verhältnis entsteht, wenn über die gegenseitigen Bedürfnisse und Vorstellungen offen gesprochen wird.

1. Ergänze die Worterklärungen links vom Text.
2. Ergänze die Randnotizen.
3. Ergänze die Überschriften für die einzelnen Abschnitte.
4. Fasse mithilfe der Zusammenfassungen der Abschnitte den ganzen Text kurz zusammen, indem du ein Fazit ziehst.

5. Werte die beiden folgenden Texte nach dem gleichen Verfahren aus.

Frederic Vester: Mobilität oder der Wahn vom Vorwärtskommen

Herr Huber, glücklich, noch einen Arbeitsplatz zu haben, reist frühmorgens eine Stunde, bis er an der Stätte seines mehr oder minder fruchtbaren Wirkens eintrifft. Er arbeitet während 10 Stunden (bei gleichbleibender Bezahlung, versteht sich), unterbrochen durch die so genannte Mittagspause, wo er ein Sandwich mit Parmaschinken verzehrt. Abends schließlich reist der erschöpfte Herr Huber wieder eine Stunde an seine Heimstatt „im Grünen" zurück. Da er über ein so genanntes Automobil verfügt, benutzt er es und steht von diesen 2 Stunden mindestens $^1/_2$ Stunde im Stau oder bewegt sich in „zähflüssigem Kolonnenverkehr". Zu Hause angekommen, nimmt ihn die von Einkaufs- und Erziehungsstress gezeichnete Ehefrau in die Arme, aus denen er gleich vom unruhig wartenden Nachwuchs befreit und auf die Spielwiese gezerrt wird, es sei denn, die Schule fordere noch per Hausaufgaben väterliche Hilfe.

Zu gleicher Zeit befinden sich belgische Schweinchen, unartgerecht zusammengepfercht im Laderaum eines Schwerlasters, in einschlägigen Kreisen liebevoll Brummi genannt, auf der letzten Fahrt nach Parma. Dort werden sie zu dem verarbeitet, was zwischen Hubers mittäglichen Brotscheiben auszumachen ist und in dessen Magen endet. Mahlzeit.

Über uns, hoch oben, wo die „Freiheit noch grenzenlos ist", überlegen sich die Urlauberinnen und Urlauber, im Jetset eingezwängt und ebenfalls mit Parmaschinken abgespeist, ob das mitgeführte Sonnenöl wohl einen genügenden Schutzfaktor habe ...

Arme Schweine sind wir allesamt, die einen selbst verschuldet, die anderen weniger, denn alle sind Opfer der Mobilität, jenem hochgepriesenen Begriff, der „Freiheit" schlechthin verheiße. Mit diesem Begriff verbunden ist ein Gefährt, das nahezu eine Tonne Eigen- und ca. 70 kg Lebendgewicht bewegt. Geht man in die Luft, wird das Verhältnis noch absurder.

Führt man sich solches zu Gemüte, hebt man ohnehin ab; vor Wut zwar, aber umweltgerechter.

Muss das sein?

Nein, es muss nicht.

Wir hätten heute andere Sorgen, wird man mir entgegenschreien, man könne die „Wirtschaft" nicht zusätzlich belasten usw., usf., alles wohl bekannt, als ob sich die „Wirtschaft" in der Gewalt jener befände, deren Streben nur nach kurzfristigem Profit giert. So verstandene „Wirtschaft" ist weder menschen- noch naturgerecht.

Und man hat heute den Eindruck, dass sich die Politik den Zwängen, die sich aus dieser fehlentwickelten „Wirtschaft" ableiten, in jedem Fall zu fügen habe, zu Gunsten des „Freien Marktes". Von Markt ist im Bereich Verkehr so lange nicht zu sprechen, wie das Verursacherprinzip außer Kraft gesetzt ist.

Die Sozialdemokraten setzen auf „Wirtschaftswachstum", die Richtung spielt eine untergeordnete Rolle, und die „Grünen" versickern irgendwo im Politsumpf.

Die verdammte Pflicht von Politikerinnen und Politikern bestünde indessen im Steuern von allgemein als sinnvoll geltenden Entwicklungen und ebendies versäumen sie. Statt dessen beschränken sie sich darauf, ein Theater aufzuführen, nach Gesetzen, welche die Medien vorgeben, die ihrerseits nach „wirtschaftlichen" Vorgaben funktionieren. Die lebendige Demokratie bleibt in dem Maße auf der Strecke wie der Einfluss kapitalgestützter Lobbys wächst.

Der Staat, also wir, das Volk, soll magersüchtig werden und gleichzeitig die Kosten, die sich beispielsweise auch aus unsinnigen Forderungen nach mehr Mobilität ergeben, tragen.

Was bedeutet Steuern?

Indem die Steuergesetze dem allgemeinen Interesse und nicht nur einer profitgeilen „Globalen Wirtschaft" angepasst werden.

Jetzt, ohnehin reichlich spät, muss demnach die Forderung nach Energieabgaben und Ökosteuern nachdrücklich in die politische Agenda gesetzt werden. Die Folge davon wird nicht die wirtschaftliche Katastrophe sein, sondern das Gegenteil.

Denn genau dies wird die Innovationsschübe auslösen, die ja stets herbeigebetet werden.

Beispielsweise im Verkehr. Der benzingetriebene Straßenverkehr funktioniert noch immer nach technischen Prinzipien, die aus dem Ende des vorigen Jahrhunderts stammen. Dessen Wirkung kennen wir inzwischen zur Genüge, ohne dass das tausendhundertste „wissenschaftliche Gutachten" abgewartet werden muss. Benzin ist viel zu billig und dessen Verbrennung nicht besonders bekömmlich. Gleiches gilt für Kerosin, welches diesen ins Unsinnige ausgewachsenen Luftverkehr betreibt. Das Ausmaß des hierbei entstehenden Schadens ist ebenfalls hinlänglich bekannt.

Dennoch werden diese Dinosaurier weiter gemästet und man hält dies für Fortschritt. Bis sie unter dem Etikett „Mobilität" dereinst an sich selbst zugrunde gehen.

Wie lange muss die so genannte aufgeklärte Wissenschaft die Natur noch erforschen, bis sich in den Betonköpfen die Einsicht verbreitet, dass auf der Basis bionischer Prinzipien auch taugliche Technologien zu erzeugen sind. Stichworte sind voll recycelbare Energie, wie Sonne, Wind, Erdwärme usw. Dies bedeutet Investition in die Zukunft und ist schon deshalb billiger, weil die Behebung immenser Folgeschäden wegfällt.

Die Sonne scheint jeden Tag und hat uns einen bewohnbaren Planeten beschert.

Wenn, wie in der Vorstellung eines Haufens fortschrittsgläubiger Irrer, z.B. nur eine halbe Milliarde Chinesen vom Fahrrad ans Steuer eines ottomotorisierten Wagens umsteigt, können wir das Wort „Zukunft" getrost aus dem Wörterbuch streichen.

Nun haben wir selbstverständlich das Problem des „gleichen Rechtes für alle".

Und was geschieht mit den Arbeitsplätzen, wird aufgeregt gefragt?

Wenn der Verkehr die Kosten trägt, die er tatsächlich erzeugt, wird dieses überaus fragwürdige globale Hin- und Hergeschiebe von Gütern und Halbfertigteilen, sowie die Auslagerung von Arbeitsplätzen ein schnelles Ende finden. Dann kehren die Arbeits- und Produktionsplätze ziemlich zügig wieder dahin zurück, wo sie hingehören, nämlich in die Nähe der Arbeitnehmerinnen und Arbeitnehmer und Konsumenten, ganz abgesehen davon, dass die Arbeiter in den so genannten „Billiglohnländern" (welch arroganter Begriff), nicht auf ewige Zeiten „billig" zu sein wünschen.

Es bedeutet überdies keine große Einschränkung, wenn wir Erdbeeren wieder im Mai und Juni essen und den kalifornischen Wein in Kalifornien lassen. Auch das Schmelzen und Rösten unter karibischer Sonne, den Weihnachtsbaum in den Sand gesteckt, ist nicht unbedingt der Weisheit letzter Schluss.

Rad- und Bahnfahren sind in jedem Falle gesünder, billiger und ersparen uns gewiss einen Haufen Sozial- und Krankheitskosten.

Zudem, müssen wir stets auf Achse sein?

All dies ist überhaupt nicht neu; diese Feststellung macht die Sache allerdings eher schlimmer als besser und zeigt unsere Immobilität im Kopf; Beton ist ein schlechter Ideenleiter.

Stoppen wir unser Jammern, die Analysen sind längst gemacht; Agieren statt Reagieren ist Gebot der Stunde; werden wir mobil, aber im Geiste.

(Aus: Frederic Vester: Crashtest Mobilität. Die Zukunft des Verkehrs, Deutscher Taschenbuch Verlag, München 2000, Lizenz des Heyne Verlags, München)

Auszug aus einer Studie des Umweltbundesamtes: Umdenken und umlenken

Mobilität wird häufig als ein Kernstück der modernen Industriegesellschaft bezeichnet, im Wachstum der Personen- und Güterverkehrsströme die Voraussetzung für Wirtschaftswachstum, Wohlstand und Lebensqualität gesehen. Oft ist die Sicht eingeschränkt auf Auto-Mobilität, während andere Mobilitätsformen, vor allem die ursprünglichste Form der Mobilität, das Zufußgehen, eher in den Hintergrund treten. Gleichzeitig ist die vom Straßenverkehr verursachte Umweltbelastung so hoch, dass die enge Verknüpfung der Wohlstandsentwicklung mit einer wachsenden motorisierten Mobilität nicht mehr ohne Veränderungen aufrechterhalten werden kann.

Anzeichen für alarmierende globale, regionale und lokale, vom Verkehr mitverursachte Schäden sind zum Beispiel Klimaveränderungen, Waldschäden, Zerstörung von wertvollen Naturräumen und Biotopen, Gesundheitsgefährdungen in Ballungsgebieten sowie der Verlust von Urbanität, Wohn- und Aufenthaltsqualität der Städte. Nicht zuletzt werden für den Verkehr große Mengen Material und Energie verbraucht, und es entstehen große Abfallmengen. Verkehrsbedingte Gefährdungen für Gesundheit und Umwelt werden auf Dauer nur dann ausreichend reduziert werden können, wenn zusätzlich zu technischen Maßnahmen auch Schritte zur Beeinflussung der Verkehrsmengen und der Verkehrsmittelwahl erfolgen. [...] Eine Abschätzung ergab außerdem, dass das aus der Immissionsbelastung resultierende Krebsrisiko in Ballungsgebieten mehr als fünfmal größer ist als in ländlichen Gebieten. [...]

Der Verzicht auf weiteres Verkehrswachstum – erst recht der notwendige Rückgang der motorisierten Verkehrsleistung – bedeutet einen tiefgreifenden Wandel der Wertvorstellungen. Vor allem jüngere Altersgruppen haben im Zuge des so genannten Postmaterialismus unter anderem eine hohe Wertschätzung für Natur und Umwelt. Die vorhandene hohe Wertschätzung der Umwelt, die sich in Umfragen immer wieder bestätigt hat, ist notwendige – obwohl nicht hinreichende – Bedingung dafür, dass auch unbequeme Maßnahmen schließlich akzeptiert werden. Im Verkehr bedeutet Wertewandel, dass die Selbstverständlichkeit, mit der die Belange des Straßenverkehrs sich durchsetzen, anderen Selbstverständlichkeiten Platz macht, die zu Unrecht im Hintergrund stehen oder in den Hintergrund getreten sind. Hierzu gehört zum Beispiel der Wert von Leben und Unversehrtheit, dem eine auffällige Akzeptanz gegenüber Tausenden von Toten und Schwerverletzten pro Jahr auf den Straßen gegenübersteht. Zu den verlorenen Selbstverständlichkeiten gehört auch, dass Fußgänger in den Städten Vorrang im Straßenverkehr haben müssen. Nicht der Fußgänger muss sich so verhalten, dass er den Straßenverkehr nicht behindert, sondern der Straßenverkehr kann dort fließen, wo er den Fußgänger nicht stört. Obwohl die Straßenverkehrsordnung bestimmte Straßenräume freihält, werden Autos fast überall im öffentlichen Straßenraum geparkt und damit wertvolle Flächen besetzt und einer anderen Nutzung (Fußwege, Spielflächen, Bänke, Grünflächen etc.) entzogen. Der Wertewandel könnte vor allem zu einer deutlichen Reduktion des motorisierten Verkehrs führen, indem nicht motorisierte Bewegungsnormen und der öffentliche Verkehr, vor allem in der Freizeit, einen höheren Wert erhalten (Radfahren, Ausflüge mit dem Öffentlichen Personennahverkehr).

Die erforderlichen Maßnahmen lassen sich den Kategorien Verkehrsvermeidung, Verkehrsverlagerung und umweltschonende Verkehrsabwicklung zuordnen.

Vermieden werden kann Verkehr vor allem, indem die Wege kürzer werden („Wiederentdeckung der Nähe“). Verkehrsvermeidung erfordert die tiefgreifendsten Veränderungen der räumlichen und ökonomischen Gegebenheiten sowie des Verhaltens, ist aber langfristig am wichtigsten, weil nur dabei direkt an der Entstehung angesetzt und das Verkehrswachstum gebremst wird.

Verkehrsverlagerung meint die Verlagerung von Verkehrsdienstleistungen auf umweltfreundliche Verkehrsmittel wie das Fahrrad oder die Füße und auf weniger umweltbelastende Verkehrsmittel wie Bus, Bahn oder das Binnenschiff.

Durch Ausschöpfung aller technischen Möglichkeiten und Verhaltensänderungen (insbesondere Fahrverhalten) muss der notwendige Verkehr so umweltschonend wie möglich abgewickelt werden.

(Aus: Umweltbundesamt (Hg.): Nachhaltiges Deutschland. Wege zu einer dauerhaft umweltgerechten Entwicklung, Erich Schmidt Verlag, Berlin 1997).

Zwei Auswertungstechniken: Mind-Map und Flussdiagramm

Auswertungstechnik: Die Mind-Map

Eine Mind-Map („Gedanken-Landkarte") hilft dir, einen Text inhaltlich auszuwerten. Schreibe wie bei einem Cluster (vgl. S. 8) das Schlüsselwort, das oft im Titel enthalten ist, in die Mitte. Anders als beim Cluster achtest du nun gleich auf den Aufbau. Wenn du eine Mind-Map zur Textauswertung einsetzt, stellst du damit die Struktur des Textes dar: Jeder Zweig bedeutet einen Gesichtspunkt, im Fall des folgenden Beispiels „Der Sonntagsspielball" z.B. die Rolle der Kinder und vor allem des ältesten Sohnes, die Stimmung der Hauptfigur etc. So erhältst du einen Überblick über den ganzen Text. Diese Methode eignet sich gut, um einen literarischen Text zu interpretieren, weil durch die Verzweigungen Zusammenhänge deutlich werden. Das Gleiche gilt für die formale Auswertung des Textes.

Peter Härtling: Der Sonntagsspielball

Neuerdings reden, schweigen, trampeln, spielen so viele in meine Sonntage hinein, dass ich gar nicht mehr imstande bin, sie als meine Sonntage zu empfinden oder zu erklären – im Gegenteil: Ich bin ein manchmal mürrischer, sich widersetzender, doch ebenso häufig erheiterter, beteiligter Bestandteil der Sonntage anderer. Ich bin der Sonntagsspielball meiner vier Kinder und ihrer Freunde.

Die transfamiliäre Sonntäglichkeit begann damit, dass unser Ältester, achtzehn Jahre und ein ausgeprägt soziales Wesen, seine Freundinnen und Freunde zu einer Wochenend-Fete und zur Übernachtung einlud. Die Anmeldung „einiger" war, wie es sich herausstellte, eine taktische Untertreibung. Im Laufe des Samstags erschienen gut zwei Dutzend junger Leute, die, kaum waren sie im Haus, zuerst einmal in einem der Zimmer ihren Schlafsack deponierten und sich dann meiner Musikanlage bemächtigten, die ich bislang vor jedem fremden Zugriff geschützt hatte – doch jetzt war die Übermacht zu bezwingend. Trotz zahlreicher gewundener Hinweise auf die möglicherweise aufbegehrenden Nachbarn wurde „voll aufgedreht". Die Musik ließ das Haus und uns alle beben. Meine Frau und ich entschlossen uns, die Stellung zu halten. Möglicherweise könnten wir ja gebraucht werden und außerdem hatten wir das Gefühl, unser Wohnrecht demonstrieren zu müssen. Was uns gelang.

Jenes erste Fest war der Beginn einer noch nicht abgeschlossenen Serie von Lustbarkeiten. Sie bestimmen unsere Sonntage, seien sie sonnig oder hässlich verregnet – wobei von Sonntagen im landläufigen Sinn kaum die Rede sein kann, eher schon von Frühstücken, die sich ohne weiteres zu Tagstücken auswachsen können.

Wir, die Älteren, eröffnen sie und haben danach mehr oder weniger zu sorgen, dass die nur zögernd aus ihren Schlafsäcken kriechenden Geschöpfe sich laben können. Nun schweigen sie. Nun ertragen sie kaum noch Musik. Nun üben sie sich in die Montagsverdrossenheit ein. Nun hätte auch der kürzeste Satz über die Schule verheerende Wirkungen.

Nein, sie verabschieden sich meist nicht. Sie verkrümeln sich einfach in den Abend, den Sonntagabend. Es wird still. Ich gehe durchs Haus, stoße da und dort auf oft unerklärliche Hinterlassenschaften, frage meine Kinder, wie's denn gewesen sei, und bekomme eine Antwort, die ganz meiner Sonntagabend-Stimmung entspricht: Na ja, 's geht so.

(Peter Härtling: Der Sonntagsspielball. Aus: Horn, Wolfgang + Paukens, Hans (Hg.), Sonntag. Geschichten von der Stille und dem ganzen Rest, Eckehard-Faude-Verlag, Konstanz 1988)

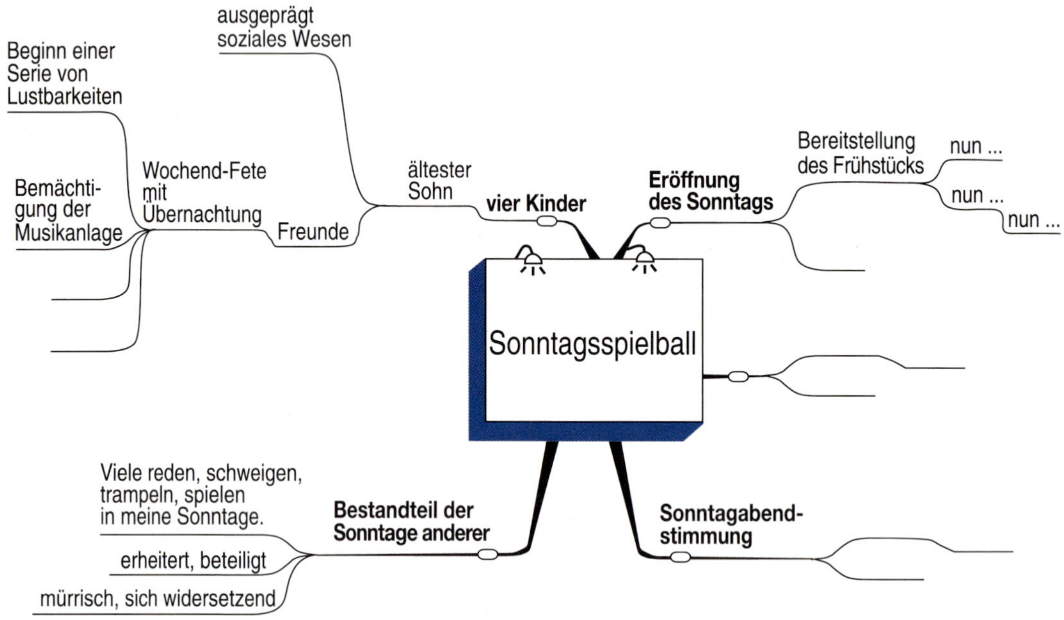

6. Ergänze die Mind-Map.

7. Erstelle eine Mind-Map zu den Stilmitteln des Textes und kläre dabei deren Bedeutung

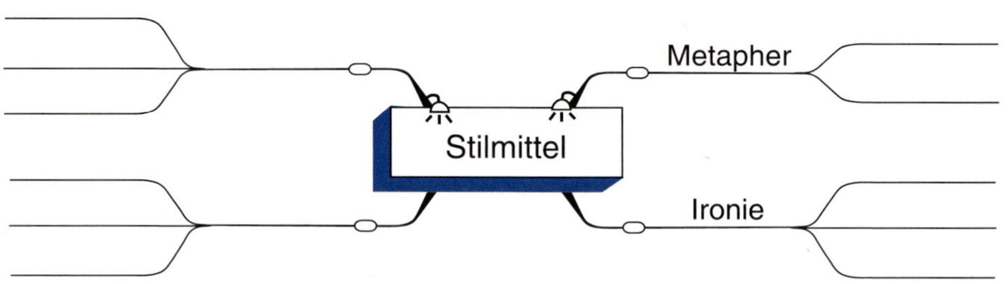

Nicht jeder Text lässt sich sinnvoll mit der gleichen Technik auswerten. Deshalb musst du dich entscheiden. Handelt es sich um eine Darstellung von verschiedenen Aspekten (Gesichtspunkten) eines Themas, bietet sich eine Mind-Map durch ihre Verzweigungen gut an.

Handelt es sich um einen argumentativen Text, in dem abgewogen wird und Schlussfolgerungen gezogen werden oder wie hier eine Frage beantwortet wird („Ist die Familie überfordert?"), bietet sich ein Flussdiagramm an.

Am Beispiel des folgenden Lexikonartikels werden beide Möglichkeiten vorgeführt: für den ersten Teil eine Mind-Map, für den zweiten ein Flussdiagramm.

Lexikonartikel

Familie: Vater – Mutter – Kind – die grundlegende Dreiheit

Die Familie ist die erste Gemeinschaft, in die ein Mensch hineingeboren wird. Sie bildet den schützenden und überschaubaren Rahmen für das Heranwachsen des Kindes und sein Hineinwachsen in die jeweilige Gesellschaft. In der Familie wird die Persönlichkeit, das Fühlen, Denken und soziale Verhalten des Kindes zu einem großen Teil geprägt. Familie ist ein Ort der Auseinandersetzung zwischen modernen gesellschaftlichen Entwicklungen und Sicherheit vermittelnden Traditionen, Bräuchen und Regeln. Sie ist ein Dialogfeld zwischen den Generationen und ein „Trainingslager" für Beziehungsfertigkeiten.

Trotz ihres langen Bestehens sind Formen, Aufgaben und Bedeutung von Familie keineswegs statisch, sondern einem ständigen Wandel unterworfen und stark geprägt von der jeweiligen Epoche, dem kulturellen Hintergrund und den sozialen und gesellschaftlichen Bedingungen. Demzufolge finden wir die unterschiedlichsten Ausprägungen familialen Lebens, was z.B. die Anzahl ihrer Mitglieder, Rollenverteilungen, Kommunikationsmuster, Beziehungsstrukturen und Erziehungsstile angeht.

Neue Familienformen

Insgesamt ist die Familie kleiner geworden. Jedes zweite Kind wächst heute ohne Geschwister auf; Familien mit mehr als zwei Kindern sind selten geworden. Kaum mehr anzutreffen sind Familien, die mit mehr als zwei Generationen unter einem Dach zusammenleben. Häufiger werden dagegen „Singles" und Paare ohne Kinder.

Angesichts hoher Scheidungsziffern (jede dritte Ehe wird geschieden) nehmen die Teilfamilien – allein erziehende Mütter bzw. Väter mit Kindern – und die Zweit- bzw. Stieffamilien zu. Von Stieffamilien spricht man nach der erneuten Familiengründung eines oder beider geschiedener Elternteile. Alternative Familienformen sind Wohngemeinschaften mit Eltern und Kindern und nicht eheliche Lebensgemeinschaften.

Bild der modernen Familie

Die Familie „beginnt" mit der Phase der Partnersuche, der sich (im klassischen Fall!) die Heirat anschließt. Mit der Schwangerschaft und Geburt eines Kindes nehmen weitere Stationen im Familienzyklus ihren Lauf: Die Zeit der Familie mit Kleinkindern wird abgelöst von einer Phase, in der die Schule einen großen Stellenwert im Leben der Familie einnimmt. Vor ganz neuen Aufgaben steht die Familie später mit Jugendlichen. Diese Phase der Suche und der Ablösung des jungen Menschen von seiner Ursprungsfamilie geht über in die Zeit des „leeren Nestes", in der die Ehepartner wieder eine neue Beziehung zueinander finden können und sich allmählich auf das Alter vorbereiten werden.

Viele Familien müssen zusätzlich die Scheidung und die unter Umständen darauf folgende neue Familiengründung bewältigen – eine neue, schwierige Phase im Familienzyklus. Besonders für die Kinder ist die Auflösung der Ehe ihrer Eltern nicht leicht zu verkraften. Mit der Scheidung endet oder verändert sich eine Paarbeziehung; die Eltern jedoch bleiben die Eltern des Kindes, wie auch immer über das Sorgerecht entschieden wird.

In der modernen Familie finden wir eine partnerschaftliche, demokratische Struktur. Frau und Mann haben (zumindest theoretisch!) gleichberechtigte Positionen inne. Die Kinder haben mehr Mitspracherecht und größere Freiheiten als früher. Durch die verstärkte Berufstätigkeit der Frau wird

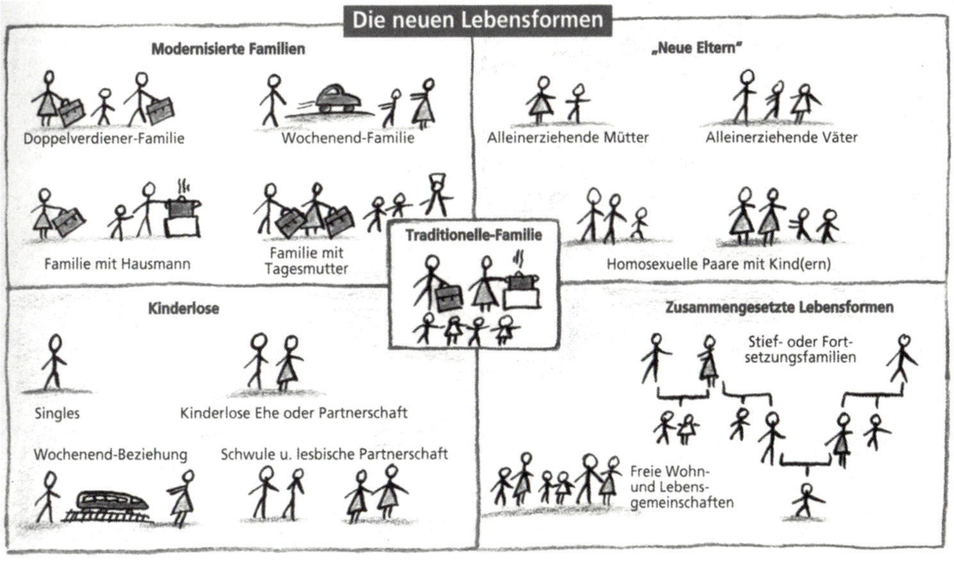

es zunehmend selbstverständlicher, dass auch die Männer ihren Teil an der Hausarbeit übernehmen – die traditionellen Rollenbilder von „Hausfrau und Mutter" und „berufstätigem Vater" haben sich geändert. Auf Grund der außerhäuslichen Erwerbsarbeit (zum Teil beider Eltern) und fehlenden verwandtschaftlichen Einbindungen ist die Familie auf die Zusammenarbeit mit den verschiedensten Unterstützungssystemen angewiesen. Kindergärten, Schulen und Horte haben einen Großteil der Erziehung, Bildung und Betreuung der Kinder übernommen. Krankenhäuser, Alters- und Pflegeheime und soziale Hilfsdienste werden zur Versorgung alter und schwacher Familienmitglieder (meist Großelterngeneration) beansprucht.

Ist die Familie heute überfordert?

Die Erwartungen an die Familie als „Wärmestube" und „emotionale Tankstelle" sind gestiegen. Der Mensch sucht in der Familie Nähe und Geborgenheit, Ruhe und neue Kraft durch gegenseitige Unterstützung. Die herbeigesehnte „Insel der Ruhe" ist jedoch selbst mancherlei Stürmen ausgesetzt: Schon äußere Belastungen (z.B. Wohnungsnot, finanzielle Schwierigkeiten, Alltagsorganisation bei berufstätigen Eltern, Arbeitslosigkeit, Krankheit, fehlende Kontakte) werden in manchen Familien zu heftigen Stressfaktoren. Noch bedrückender sind innerfamiliäre Probleme, mit denen sich die Familienmitglieder in den verschiedenen Phasen des Familienzyklus auseinander zu setzen haben, wie Erziehungsschwierigkeiten und Paarprobleme. Krisen des Zusammenlebens gehören zu den größten Belastungen, die Menschen erleben. Und die heute größere Eigenverantwortlichkeit und größere Rollenunsicherheit der einzelnen Familienmitglieder haben diese Schwierigkeiten im Vergleich zu den früher herrschenden starreren Formen eher noch verschärft.

Mit den Schwierigkeiten der Familie ist auch das Bedürfnis nach Meinungsaustausch und klärendem Gespräch gewachsen. Dringend notwendig ist in dieser Situation, dass sich die Familienmitglieder die Zeit dazu nehmen, ihre Probleme kennen zu lernen und zu besprechen.

Einerseits soll die Familie den Anforderungen unserer leistungsorientierten Gesellschaft möglichst offen und flexibel begegnen, andererseits soll sie eine Sicherheitszone schaffen für ihre eigenen Mitglieder und muss sich deswegen nach außen abgrenzen. Dieser Balanceakt ist besonders schwierig, weil die Arbeit im und am privaten Bereich (Hausfrauen- oder Hausmanndasein, Pflege der familiären Atmosphäre usw.) gesellschaftlich nach wie vor kaum Anerkennung findet. Die genannten Überforderungen können in den Familien unter Umständen zu Streit und Gewalt, sozialem Abstieg, Scheidung, Suchtverhalten, Verhaltensstörungen und psychischen Erkrankungen einzelner Familienmitglieder führen.

Mehr denn je ist die Familie auf Hilfen von außen angewiesen und braucht finanzielle und soziale Unterstützung. Immer häufiger suchen Familien auch Beratungsstellen auf und arbeiten dort an der Verbesserung ihrer Beziehungs-, Kommunikations- und Problemlösefertigkeiten.

(Aus: Bertelsmann Universallexikon – Discovery, Bertelsmann Verlag, Gütersloh 2000)

Mind-Map

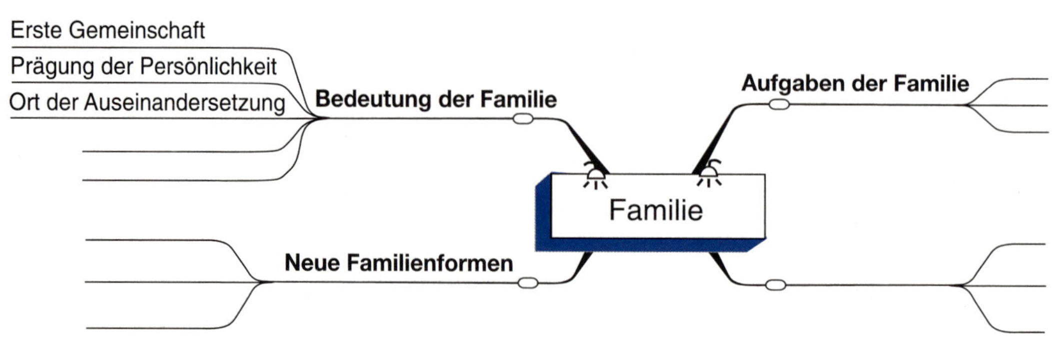

8. Vervollständige die Mind-Map.

Auswertungstechnik: Das Flussdiagramm

In einem Flussdiagramm lässt sich ein Prozess oder Vorgang der Reihe nach übersichtlich darstellen. Das Gleiche gilt für die Etappen einer Gerichtsverhandlung oder den Verlauf eines Gesprächs. Stichwortartige Notizen stellen den Ablauf – auf das Wesentliche reduziert – dar. Nicht etwas Unveränderbares wird erläutert, sondern etwas, das „fließt“ – daher auch der Name „Flussdiagramm“. Ebenso kannst du einen Gedankengang Argument für Argument bis zur Schlussfolgerung schrittweise darstellen. Dies wird im Folgenden gezeigt.

Ist die Familie heute überfordert?

In den einzelnen Zeilen finden sich Beispiele für die Überforderungen der Familie und sich daraus ergebende Schlussfolgerungen. Der Pfeil ⇓ drückt eine logische Folgerung (bzw. Konsequenz) aus:

Erwartungen an die Familie gestiegen: Wärmestube, emotionale Tankstelle, Insel der Ruhe
⇓ Schwierigkeiten: Äußere Belastungen (Arbeitslosigkeit, Wohnungsnot etc.) und innerfamiliäre Probleme (Erziehungsschwierigkeiten, Paarprobleme) als Gefahrenquelle ⇓ Mögliche Verschärfung der Probleme durch Eigenverantwortlichkeit und Rollenunsicherheit der Familienmitglieder ⇓ Logische Folge *(Konsequenz aus den oberen Zeilen):* Bedürfnis nach Meinungsaustausch und klärendem Gespräch zur Problemlösung gewachsen
Zusammenfassung und Verallgemeinerung Einerseits: Familie soll den Anforderungen der Leistungsgesellschaft gerecht werden.
⇓ Andererseits: Familie soll für ihre Mitglieder eine Sicherheitszone bieten.
⇓ Schwieriger Balanceakt kann zur Überforderung der Familie führen.
⇓ Folge: Familie ist auf Hilfe von außen angewiesen und sucht Beratungsstellen auf. Ziel: Verbesserung ihrer Problemlösefertigkeit

9. Erstelle für Teile des Textes „Familie bleibt Ort der Solidarität“ (Seite 22ff.) ein Flussdiagramm.

10. Werte die folgenden Lexikonartikel mithilfe einer Mind-Map aus. Schlage unbekannte Begriffe nach.

Mobilität

[von lateinisch mobilitas „Beweglichkeit“] die, allgemein die Bewegung von Menschen in sozialen Räumen und/oder ihre räumlich-regionale Beweglichkeit; auch ihre gedankliche Beweglichkeit. Mobilität kann ein Kennzeichen eines Einzelnen, einer Gruppe oder einer Gesellschaft sein. Unterschieden werden u.a. räumliche Bewegungsvorgänge von Personen, Personengruppen, Schichten oder Klassen einer Gesellschaft (räumliche Mobilität, Migration) wie Binnen-, Aus- und Einwanderung sowie Bewegungsvorgänge innerhalb der sozialen Strukturen einer Gesellschaft (soziale Mobilität) wie berufliche Mobilität. In den Wirtschaftswissenschaften wird auch von Mobilität der Produktionsfaktoren gesprochen (z.B. Mobilität des Kapitals). Hohe Mobilität ist ein Kennzeichen dynamischer Industriegesellschaften.

(Aus: Brockhaus Multimedia, Bibliographisches Institut & F.A. Brockhaus, Mannheim 2002)

Soziale Mobilität

Soziale Mobilität [...], Bewegungen einzelner Personen oder von ganzen gesellschaftlichen Gruppen in der Gesellschaft. Als horizontale Mobilität bezeichnet man regionale Veränderungen wie gewöhnliche Ortswechsel oder Wanderungsbewegungen. Vertikale Mobilität bezieht sich auf die Veränderung des sozialen Status, also gesellschaftlichen Auf- oder Abstieg innerhalb oder zwischen gesellschaftlichen Schichten und Klassen. [...].

(Aus dem elektronischen Lexikon: Microsoft Corporation: Microsoft Encarta Enzyklopädie, 2001)

Auswertungstechnik: Gegensatzpaare gegenüberstellen

Im nächsten Text, einem Zeitungsartikel, werden Untersuchungen und Umfragen angeführt, die einen Wertewandel in Deutschland feststellen. Hier bietet es sich an, die Schlüsselstellen des Textes in einer Tabelle darzustellen und die Gegensatzpaare einander gegenüberzustellen. So wird die Textaussage übersichtlich und klar dargestellt. Durch die Gegenüberstellung werden die Begriffe voneinander abgegrenzt. Außerdem beschränkt man sich ganz von selbst auf das Wesentliche. Eine solche Darstellung bietet zusätzlich ein Schema, anhand dessen die Ergebnisse auch als Stichworte für einen Kurzvortrag dienen können.

Tradition steht in Deutschland hoch im Kurs

Studie des BAT-Instituts sieht Rückbesinnung auf die Familie

von Dorit Koch

HAMBURG: Ist die Spaßgesellschaft am Ende? Traditionelle Werte stehen nach einer am Dienstag veröffentlichten Umfrage des Hamburger BAT-Freizeit-Forschungsinstituts bei den Deutschen wieder hoch im Kurs. Institutsleiter Horst W. Opaschowski spricht gar von einer neuen Bürgerlichkeit.

Die Ergebnisse des Freizeit-Monitors 2001 bestätigen, was Soziologen nach den Terroranschlägen in den USA vorausgesagt haben. Die Deutschen werden immer häuslicher. Für 51 Prozent steht die Beschäftigung mit der Familie im Mittelpunkt, vor zwei Jahren hatten dies nur 44 Prozent angegeben. Insgesamt wurden für die Studie des Instituts 3000 Menschen ab 14 Jahren zu Konsum-, Freizeit- und Lebensgewohnheiten befragt. „Die Menschen werden sich wieder stärker Familie und Kirche zuwenden“, prognostiziert Opaschowski. „Die Familie könnte wieder zum Lebensmittelpunkt werden.“ Ernsthafte Gespräche gewinnen wieder an Bedeutung – in der Familie genauso wie unter Freunden.

Bei jungen Menschen ergab die Untersuchung eine Rückkehr zu klassischen Tugenden wie Gehorsam und Höflichkeit. Selbstentfaltung dagegen verliert für die 14- bis 29-Jährigen an Bedeutung. Kontaktfähigkeiten, Spontaneität und Offenheit sind weniger gefragt. Die junge Generation sucht

nach Opaschowskis Einschätzung ein Leben im Gleichgewicht. „Sie legt besonderen Wert darauf, im Leben etwas zu leisten und es zu genießen.“ Nachhaltig zum Wertewandel habe die Wiedervereinigung beigetragen. Die mehr konservativen Werte der Ostdeutschen haben den Selbstentfaltungstrend der Westdeutschen spürbar gebremst“, sagt der Soziologe. Umgekehrt habe der Lebensstil in den alten Bundesländern auch die Menschen in Ostdeutschland beeinflusst.

Ein weiteres Ergebnis der Studie: Die Deutschen suchen nach Sinn und Tiefe in ihrem Leben. Für bemerkenswert hält Opaschowski, dass „Unternehmungen mit Sinnbezug stärker gefragt sind“. So hatten 16 Prozent berichtet, in den vergangenen Tagen in der Kirche gewesen zu sein, nur zwölf Prozent dagegen hatten Sportveranstaltungen besucht. Erstmals sei auch wieder das Engagement in Bürgerinitiativen gestiegen. Die Menschen verlangten nach Orientierung und Beständigkeit. Insgesamt sieht der Freizeitforscher eine stabile Trendwende: Ernsthaftigkeit statt Oberflächlichkeit, Ruhe statt Betriebsamkeit, Gemeinschaftssinn statt Vereinzelung.

(Aus: Remszeitung vom 07.11.01)

Wieder „hoch im Kurs“	**Weniger gefragte Werte**
neue Bürgerlichkeit	
traditionelle Werte	
Häuslichkeit	
Beschäftigung mit der Familie	
Kirche	
ernsthafte Gespräche	Selbstentfaltung
klassische Tugenden wie Gehorsam Höflichkeit	Kontaktfreudigkeit Spontaneität Offenheit
Leben im Gleichgewicht	
Leistung	
das Leben genießen	
Suche nach Sinn und Tiefe im Leben	
Suche nach Orientierung und Bodenständigkeit	
? statt	Oberflächlichkeit
? statt	Betriebsamkeit
? statt	Vereinzelung

11. Vervollständige die Tabelle.

12. Werte den folgenden Zeitungsartikel nach einem der vorgestellten Verfahren aus.

TOURISMUS/Möglichst schnell viel erleben

Trend zu kurzen Urlaubsreisen

Durchschnitt liegt bei knapp zwei Wochen

Eine Woche Südtirol, zehn Tage Gran Canaria, ein Wochenende Amsterdam, drei Tage Elsass: Der klassische Drei-Wochen-Urlaub ist out, Kurzreisen sind in.

BONN: Hinter dem Trend zu immer kürzeren Urlauben steht der Wunsch, in möglichst kurzer Zeit möglichst viel zu erleben, erklärt der Augsburger Tourismusforscher Armin Günther. Die durchschnittliche Dauer längerer Reisen betrug Ende der

80er-Jahre noch 18 Tage, so die „Forschungsgemeinschaft Urlaub und Reisen“ in Kiel. Bis zum vergangenen Jahr sank der Durchschnitt auf knapp zwei Wochen. Darüber hinaus unternimmt mittlerweile ein Fünftel der Deutschen mindestens noch eine längere Zweitreise. Hinzu kommen 50 Millionen Kurzreisen von zwei bis vier Tagen.

Der gesellschaftliche Druck in Sachen Urlaub hat zugenommen, wie der Münsteraner Wirtschaftspsychologe Alfred Gebert in Umfragen feststellte: „Wer nicht ständig etwas Neues erlebt, kann anschließend bei Kollegen und Nachbarn nur schlecht angeben.“ Und wer dreimal an denselben Ort fahre, betont Günther, müsse sich schon rechtfertigen.

Gründe für die kürzer werdenden Auszeiten finden Experten auch im Arbeitsleben: Anders als früher erlauben Firmenleitungen häufig nicht mehr als drei Wochen Ferien am Stück. Der Werksurlaub ist schon lange aus der Mode. Und Selbstständige wie Ärzte oder Einzelhändler könnten es sich immer weniger leisten, ihren Betrieb länger alleine zu lassen.

Dennoch gilt immer noch die Faustregel: Ein dreiwöchiger Urlaub im Jahr ist ideal, meinen die Experten einhellig. Erst dann trete echte Erholung ein. Es brauche eben Zeit, bis der Reisende gedanklich vom Alltag Abschied genommen habe, sagt Olaf Förster von der Deutschen Gesellschaft für Reise- und Touristikmedizin. Damit gehe auch die körperliche Entspannung einher. Auf den „Kontrast zum Arbeitstrott" kommt es im Urlaub an, sagen Psychologen. Geberts Tipp: Im Urlaub immer das Gegenteil von dem tun, was sonst den Alltag beherrscht. Die Empfehlung befolgen allerdings die wenigsten Deutschen, wie Umfragen des Wissenschaftlers ergeben haben.

(Aus: Schwäbische Post vom 19.07.01)

Auswerten von Diagrammen, Schaubildern und Karikaturen

Eine Statistik, ein Säulendiagramm oder ein Schaubild hat man nur verstanden, wenn man die Aussage in Worte fassen kann. Wichtig ist, zuerst genau zu studieren, was die x-Achse und die y-Achse bedeuten. Anschließend müssen die Angaben zueinander in Beziehung gesetzt werden.

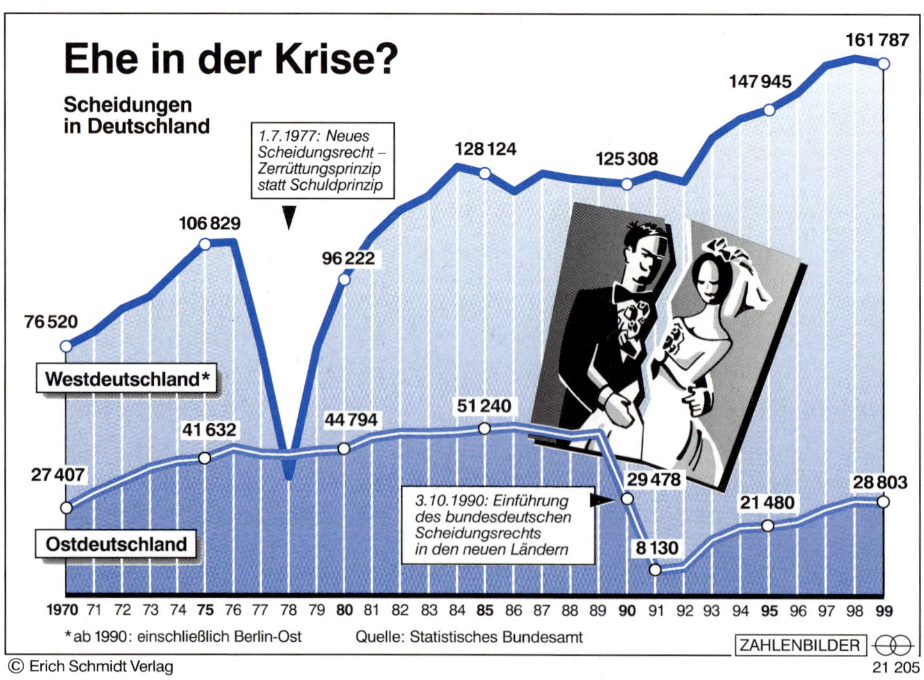

13. Beschreibe die Kurve für Ost- und Westdeutschland.

Ehescheidungen

Für das Zusammenleben in der Ehe gibt es in unserer Gesellschaft keine allgemein akzeptierten sozialen und weltanschaulichen Orientierungsmuster mehr. Die Auffassungen über Form, Funktion und Dauerhaftigkeit der Ehe gehen weit auseinander. Im Vergleich zu früheren Epochen, so stellen die Soziologen fest, ist die Ehe heute im Allgemeinen viel privater und intimer; sie grenzt sich stärker nach außen ab und wird viel weniger von gesellschaftlichen Konventionen und wirtschaftlichen Erwägungen bestimmt. Grundlagen der Ehe sind die Liebe und das Vertrauen zwischen den Partnern. Sie gilt als gescheitert, wenn dieser emotionale Zusammenhalt verloren geht. Dann ist die Ehescheidung oft die unvermeidliche Konsequenz.

In den Anfangsjahren der Bundesrepublik Deutschland war die **Scheidungshäufigkeit** zunächst sehr hoch, weil viele schnell geschlossene Ehen den Anforderungen des Nachkriegsalltags nicht gewachsen waren oder weil die Partner sich durch lange, kriegsbedingte Trennung auseinander gelebt hatten. Es folgte ein markanter Rückgang der Scheidungszahlen bis 1956. Dann nahm die Scheidungshäufigkeit zwei Jahrzehnte lang kontinuierlich zu. Unterbrochen wurde diese Entwicklung durch die Reform des Scheidungsrechts im Jahre 1977. Die Reform brachte den Übergang vom *Schuldprinzip*, nach dem eine Ehe nur geschieden werden konnte, wenn ein Partner schwere Eheverfehlungen begangen hatte, zum *Zerrüttungsprinzip*, das die Scheidung allein vom Scheitern der ehelichen Lebensgemeinschaft abhängig macht. Seitdem steigt die Scheidungshäufigkeit wieder. 1998 lösten die Scheidungsrichter im alten Bundesgebiet rund 163 390 Ehen auf – die höchste Zahl seit 1950. Auf jeweils 10 000 bestehende Ehen kamen damit 106 Scheidungen. Geht man von der derzeitigen Scheidungshäufigkeit aus, werden in Westdeutschland fast zwei Fünftel aller Ehen noch vor der Silberhochzeit, also innerhalb von 25 Jahren, geschieden.

In der früheren DDR wurde im Durchschnitt früher geheiratet als im Westen – nicht zuletzt wegen der staatlichen Vergünstigungen für junge Familien –, aber die Ehen gingen auch häufiger wieder auseinander. Die Zahl der gerichtlichen Ehescheidungen kletterte dort in den 80er-Jahren auf über 50 000 pro Jahr. Mit der deutschen Einigung wurde in den neuen Bundesländern und in Ost-Berlin das bundesdeutsche Scheidungsrecht eingeführt. Diese Umstellung und die insgesamt grundlegend veränderten Lebensverhältnisse hatten zunächst einen drastischen **Rückgang der Ehescheidungen** zur Folge. Seitdem nimmt die Scheidungshäufigkeit in Ostdeutschland aber wieder stetig zu: 1998 wurden 29 030 Ehen geschieden; das waren 86 Scheidungen auf jeweils 10 000 bestehende Ehen.

(Text zum Zahlenbild 21805, © Erich Schmidt Verlag)

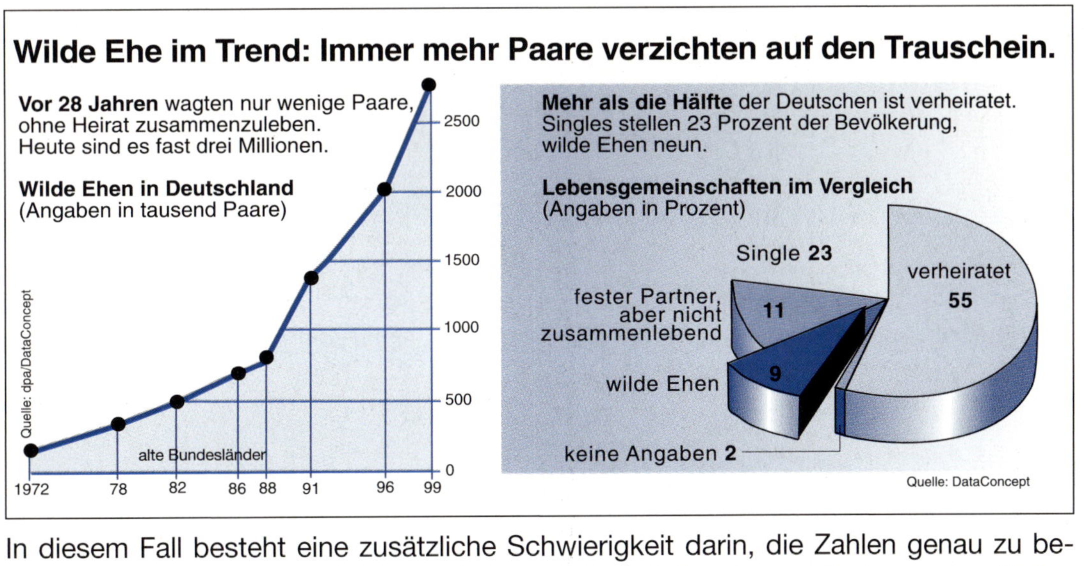

In diesem Fall besteht eine zusätzliche Schwierigkeit darin, die Zahlen genau zu bestimmen, weil die Angaben in Tausend dargestellt sind. Es müssen also immer drei Nullen hinzugefügt werden. Beispiel: 1982 lebten 500 000 Paare ohne Heirat zusammen.

14. Suche weitere Jahreszahlen und nenne die Zahl der unverheirateten Paare, die zusammenleben. Erläutere den Trend, den die Zahlen ausdrücken.

Nach einer Erhebung in einer Realschule in Paderborn:

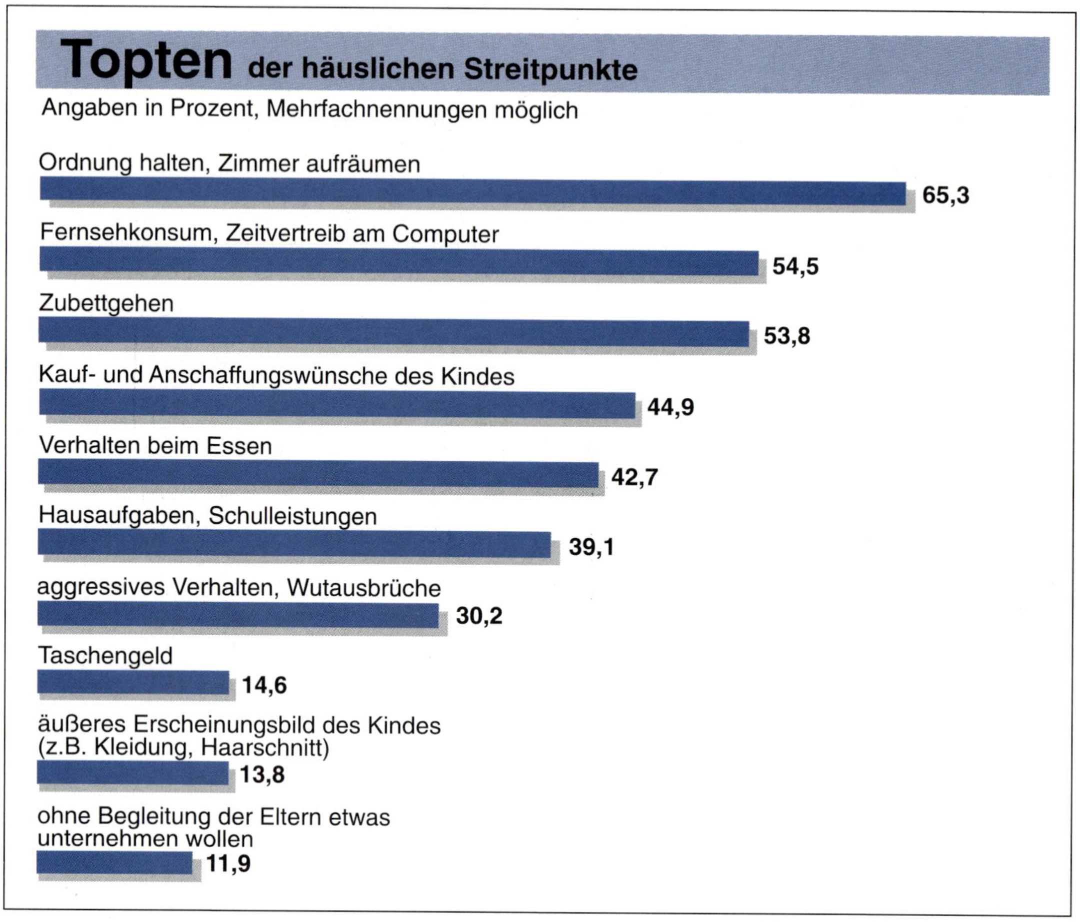

15. Fasse jeden Balken in einem ausführlichen Satz zusammen.

Auch Karikaturen können sich zur Auswertung für einen argumentativen Text eignen. Karikaturen sind komisch übertreibende Zeichnungen, die eine Person, einen Sachverhalt, ein Ereignis oder eine gesellschaftliche Erscheinung durch humorvolle oder satirische Hervorhebung lächerlich macht.

16. Der Ausdruck „Lebensabschnittsvater" geht auf den Begriff „Lebensabschnittspartner" zurück. Kläre ihn. Fasse die Aussage der Karikatur in Worte und erläutere den „Witz".

17. Werte das folgende Diagramm aus, indem du die Angaben der Balken in Worte fasst.

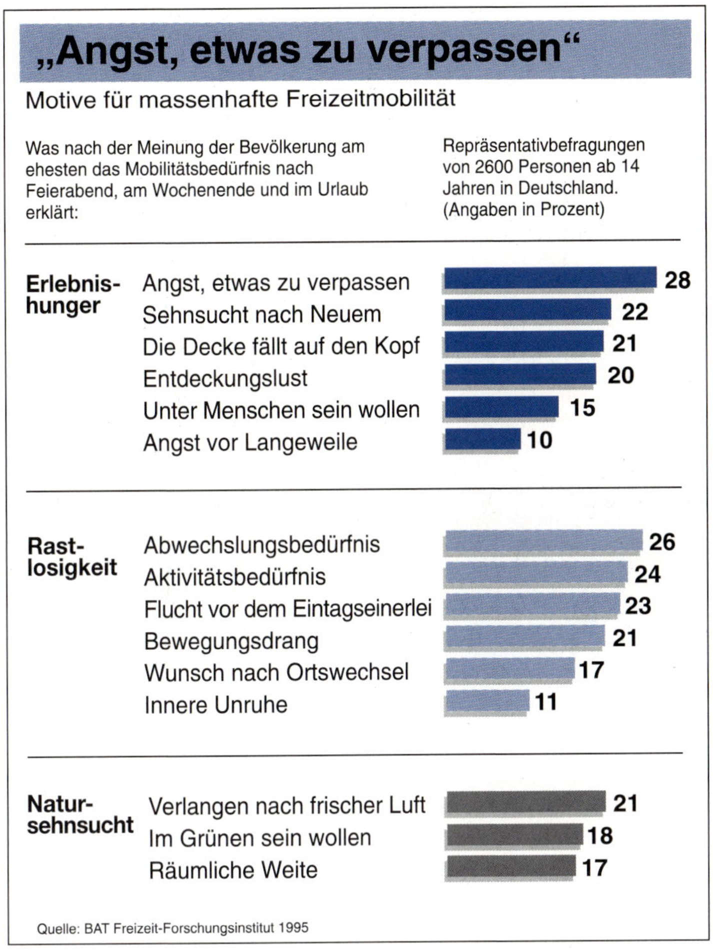

(Aus: Landeszentrale für politische Bildung (Hg.): P u U - Politik und Unterricht, Heft 1 1996)

18. Erläutere die folgende Karikatur.

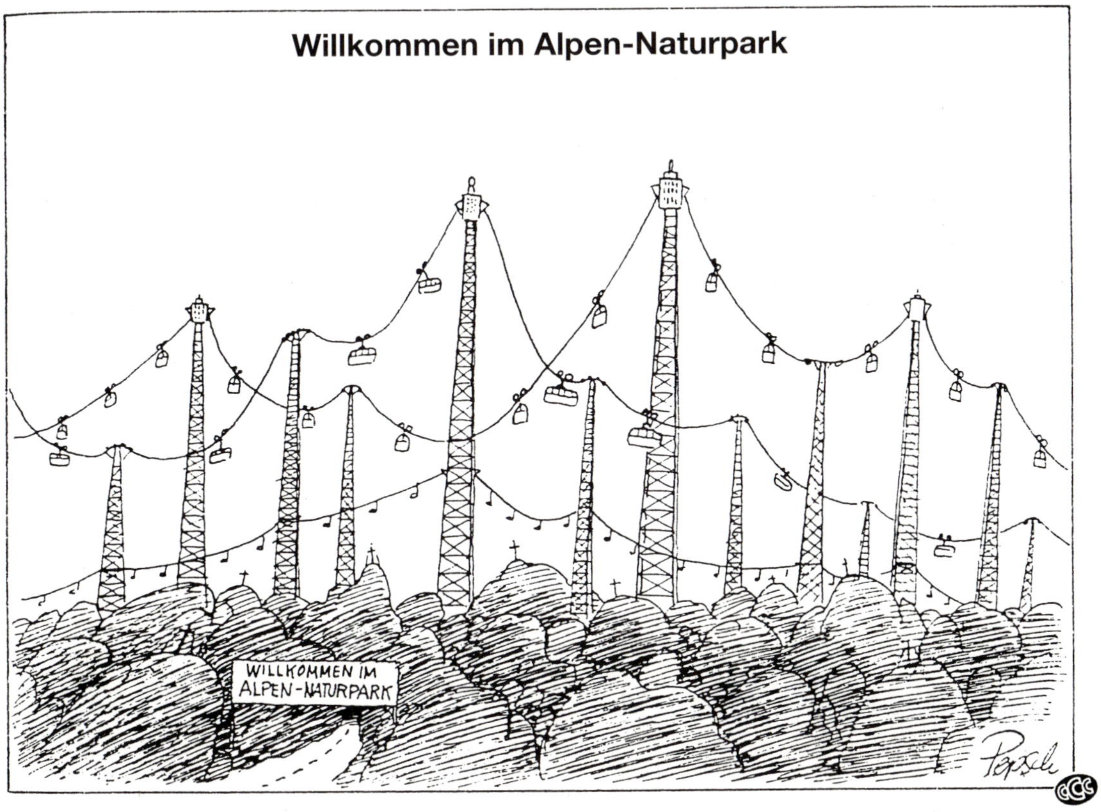

TITEL: FAMILIE BLEIBT ORT DER SOLIDARITÄT
INHALT IN STICHWORTEN:
- MODELL DER „NORMALFAMILIE"
- WANDEL MODERNER LEBENSFORMEN
- ANZEICHEN VON SOLIDARITÄT
- ERZIEHUNG FRÜHER UND HEUTE

ANMERKUNGEN:
- ARGUMENTATION PRO FAMILIE
- ...

AUTOR: BERTRAM, HANS
QUELLE: FAMILIE; JAHRESHEFT DES FRIEDRICH VERLAGS, VELBER 2001

19. Vervollständige jetzt deine Karteikarten, die du auf Insel 2 angelegt hast (vgl. Seite 18) nach folgendem Muster. Schreibe zu einzelnen Stichworten neue Karteikarten.

Modell der „Normalfamilie"
...

Erziehung früher und heute
Der autoritäre Erziehungsstil kommt viel seltener vor als früher. Erziehung ist heute liberaler, dies zeigt sich z.B. in der Sexualerziehung. Deshalb wohnen junge Menschen auch länger zu Hause. Sie können ihre Entwicklungschancen nutzen. ...

Wandel moderner Lebensformen
Menschen sind heutzutage zu Mobilität gezwungen, da Arbeitsplatzwechsel auch Wohnortwechsel bedeutet. Die wirtschaftlichen Verhältnisse ändern sich immer schneller. Arbeitnehmer müssen sich anpassen, um Arbeitslosigkeit zu vermeiden. Dies verhindert stabile Familienverhältnisse.

...
...

Anzeichen von Solidarität
Alte Menschen finden in ihren Familien nach wie vor Geborgenheit. ... Ehepaare mit Kindern lassen sich seltener scheiden als Ehepaare ohne Kinder. ... Entstehung von neuen Familienformen, z.B. Fortsetzungsfamilie.

Das Schreiben planen

In diesem Kapitel

- erfährst du etwas über den Aufbau deines argumentativen Textes,
- werden die Bausteine Einleitung, Hauptteil und Schluss vorgestellt.

Du hast nun Material gesammelt und ausgewertet. Jetzt geht es an die Planung deines Textes. Wie baust du einen argumentativen Text sinnvoll auf?

Der Schreibplan im Überblick

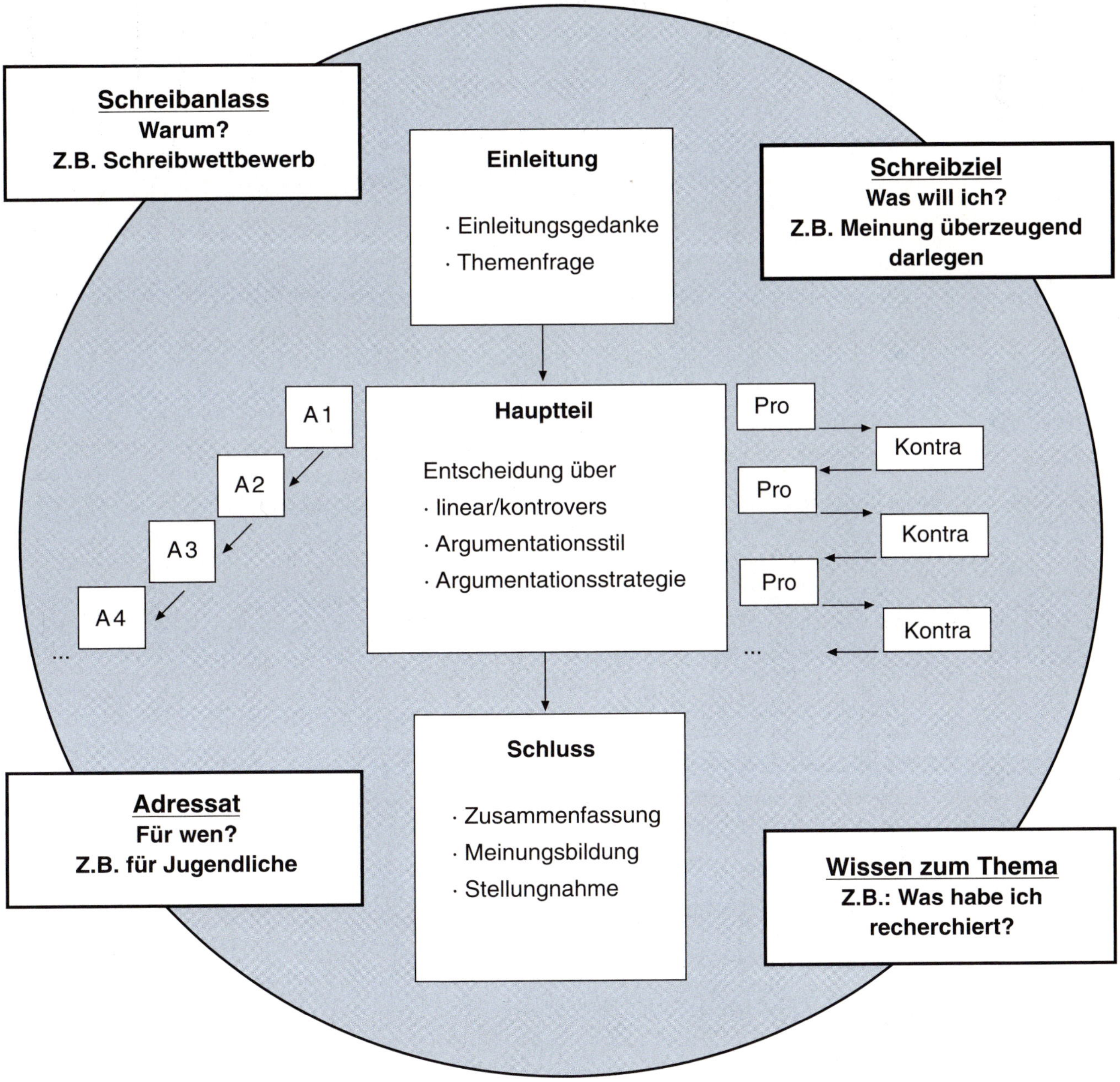

Die Einleitung

Zunächst solltest du dir wieder den Adressaten vorstellen und dein Schreibziel überlegen. Vor Schreibbeginn musst du also noch einmal bedenken, für wen und warum du schreibst und was du damit erreichen willst.

Adressatenbezug

Aufgrund des Adressatenbezugs ist klar, dass ein Text für die Schülerzeitung eine völlig andere Einleitung haben wird als z.B. eine Stellungnahme der SMV, die für den Rektor, den Förderverein der Schule oder den Chef der ortsansässigen Bank gedacht ist.

Ziel einer Einleitung

Die Einleitung dient dazu, den Leser einzuführen, zu fesseln, ihn neugierig zu machen. Das kennst du aus eigener Erfahrung. Es macht Spaß einen Text zu lesen, der gleich mit einem „Knaller" beginnt, der zum Thema hinführt und klar macht, dass sich das Weiterlesen lohnt. Eine Einleitung sollte nichts vorwegnehmen, darf aber etwas versprechen.

Aufbau einer Einleitung
Themenfrage

Die Einleitung kann zweiteilig aufgebaut werden: Sie besteht
- aus einem hinführenden Gedanken, der den Leser fesselt und
- leitet dann über zur Themenfrage. Die Themenfrage umreißt das Problem, zu dem du in deinem Text argumentierst. Du findest dafür Beispiele in den unten stehenden Schülertexten.

Der erste Teil der Einleitung kann wie folgt aussehen:
- ein eigenes Erlebnis, sofern es zum Thema passt, es bildlich bereichert, den Leser zum Lachen bringt oder allgemein interessant ist
- ein aktuelles Ereignis, zum Beispiel aus den Medien
- ein Rückblick (wie kam es zu diesem Thema, was ist bereits im Vorfeld geschehen, gibt es etwas, was zu diesem Thema besonders wichtig ist?)
- eine Begriffsklärung (um was geht es eigentlich?)
- eine Frage (das darf auch eine rhetorische sein)
- eine wichtige Tatsache, zum Beispiel Zahlenmaterial, Statistiken usw.
- ein paralleles, vergleichbares Thema
- ein persönlicher Gedanke
- eine allgemeine Feststellung, die jedoch nicht langweilig sein soll
- ein Zitat, eine Redewendung, ein Sprichwort, ein Slogan, der Titel eines Films, eines Buches, eines Liedes

Die Länge der Einleitung hängt von der Länge des Hauptteils ab. Deshalb empfiehlt es sich, Einleitung und Schluss erst endgültig zu schreiben, nachdem der Hauptteil fertig gestellt ist.
Einleitung und Schluss sind jedoch immer um einiges kürzer als der Hauptteil.
Vielleicht helfen dir diese Zahlen, die sich im Übrigen auch für eine Rede bewährt haben:

Länge der Textteile

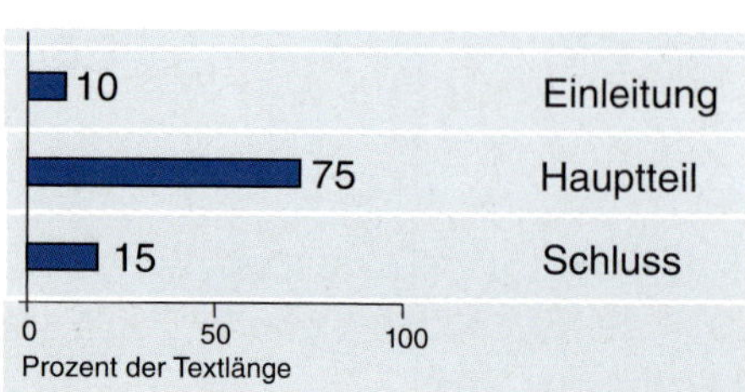

Bei Thema 1 ist der Anlass deines Schreibens der Schreibwettbewerb einer Jugendzeitschrift zum Thema „Familie – ein überholtes Modell?“, an dem du teilnehmen möchtest. Die Leser deines Textes sind also Jugendliche. Deine Einleitung sollte auf keinen Fall langweilig sein, schließlich willst du ja den Wettbewerb gewinnen. Auf der ersten Insel hast du schon dein Schreibziel formuliert und geklärt, welche Meinung du innerhalb des Themas vertrittst und wovon du deine Leser überzeugen willst. Nun gilt es, dies in allen Teilen deines Textes umzusetzen.
Machen wir uns das an Beispielen klar:

Einleitungen:

1. Beispiel:
Ich bin ein so genanntes Scheidungskind, 16 Jahre alt und wohne seit zwei Jahren bei meinem Vater. 14 Jahre lang war ich Mitglied einer fünfköpfigen Familie. Meine beiden Schwestern, die wesentlich jünger sind als ich, wohnen bei meiner Mutter. Wir waren eine richtige Familie. Muss ich nun die Familie als überholtes Modell betrachten, weil meine Eltern daran scheiterten? Die Beantwortung dieser Frage aus der Sicht eines Betroffenen ist besonders spannend.

2. Beispiel:
Eine Umfrage an unserer Schule hat folgendes Ergebnis gebracht: Unsere Schule besuchen 453 Schülerinnen und Schüler. Gut ein Drittel davon, also ungefähr 150, leben nur bei einem Elternteil. 198 Mitschülerinnen und Mitschüler sitzen nachmittags allein zu Hause über ihren Hausaufgaben und erhalten nicht regelmäßig ein warmes Mittagessen. Diese aktuellen Zahlen zeigen deutlich, mit welchen Problemen Schülerinnen und Schüler aufgrund veränderter familiärer Verhältnisse kämpfen müssen. Die Einführung eines Mittagstisches und Hausaufgabenbetreuung wären nur zwei Beispiele für eine mögliche Verbesserung, für die ich als Vertreterin der SMV im Folgenden Stellung beziehen möchte.

3. Beispiel:
Meine beste Freundin müsste ausgestopft und ins Museum gebracht werden. Sie hat fünf ältere Geschwister. Ihre Eltern feierten vor kurzem Silberhochzeit. Eine Scheidung ist nicht in Sicht. Ich bin Einzelkind einer berufstätigen Mutter. Noch extremer könnte die Familiensituation nicht sein, die für uns Freundinnen immer wieder Anlass ist, über Familiensituationen zu diskutieren. Unsere Ansichten liegen überraschenderweise gar nicht so weit auseinander, wie es die Situationen vermuten lassen. Die Familie – ein überholtes Modell? Im Folgenden lest ihr unsere Argumente zu diesem Thema.

4. Beispiel:
„Die Familie – ein überholtes Modell?“ Ich denke dabei an Autowerbung: „family van“ oder „volvo for life“. Jede Menge Fahrspaß. Umfangreiche Ausstattung. Jede Menge Komfort. Geringer Verbrauch bei hoher Leistung.
Was kann Familie leisten, was nicht? Für welches Modell sollen wir Jugendliche uns entscheiden?

5. Beispiel:
Zeiten, in denen eindeutig klar war, was eine Familie ist, scheinen endgültig vorbei zu sein. Patchworkfamilien, allein Erziehende, Stieffamilien, verschiedene Lebensabschnittspartner, diese Begriffe bestimmen heute das Netzwerk Familie, das eigentlich Basis- und Auffanglager sein sollte für alle am Familienleben Beteiligte. Das alte Modell Familie hat ausgedient. Oder doch nicht? Wie stelle ich mir als 16-Jährige meine Familie vor?

6. Beispiel:

„Mehr Chancen, mehr Rechte, mehr Sicherheit machen das Leben für Familien spürbar leichter. Über 100 Vorteile finden Sie jetzt unter www.familie-deutschland.de und in der Broschüre „Familie Deutschland", zu bestellen unter ..." Zitiert aus einer Anzeige der Bundesregierung zum Thema „Familie Deutschland", Heft 51. Ist es jetzt schon so weit, dass die Regierung Werbung machen muss für das Modell Familie? Wir Schüler sitzen an der Quelle und erleben täglich die Auswirkungen eines Familienlebens. Warum ich möchte, dass das Modell Familie erhalten bleibt, zeige ich im folgenden Text.

7. Beispiel:

Wisst ihr was? Mich hat noch nie ein Mädchen angesprochen, obwohl ich schon 16 bin. Die wissen gar nicht, was sie verpassen. Vom Familienleben hab ich nämlich ziemlich viel Ahnung und ganz genaue Vorstellungen.

1. Welche Einleitung erscheint dir am geeignetsten für den Text, der am Wettbewerb teilnimmt?

2. Welche Einleitung wäre geeignet für einen Text, den die Schulkonferenz für einen bestimmten Zweck als Meinungsbild der Schüler berücksichtigen soll?

3. Welche Einleitung erscheint dir am originellsten? Müsstest du sie für deinen Schreibwettbewerb verändern?

4. Gibt es eine Einleitung, die du nehmen würdest, wenn du ein Referat zum Thema Familie halten müsstest?

5. Wo erwartest du aufgrund der Einleitung eher einen beschreibenden Text?

6. Welche Einleitung würdest du vom Tonfall her eher Jugendlichen, welche Erwachsenen zumuten? Woran liegt das?

7. Das letzte Beispiel wurde von der Lehrerin nicht akzeptiert. Nenne Gründe für die Ablehnung.

8. Natürlich kann man die Ideen zu diesen Einleitungen auch umarbeiten. Wir wählen für eine kleine Übung neue Adressaten und andere Schreibanlässe:

a) Schreibe eine Einleitung zu einer Satire zum Thema „Familienleben".
b) Schreibe eine Einleitung für einen Zeitungsbericht zum Thema „Familienmodelle Jugendlicher".
c) Schreibe eine Einleitung zu einem Text, der in eurer Schülerzeitschrift veröffentlicht werden wird, zum Thema: „So lebe ich in 20 Jahren".

9. Beim Thema „Wie viel Mobilität braucht der Mensch?" ist der Schreibanlass die Präsentation des Projekts, für die du ein Redemanuskript vorbereitest.

a) Entwirf eine Einleitung für eine Rede zu der Frage: „Führerschein mit 17?"
b) Schreibe eine Einleitung zu einer Rede über Mobilität, in der du das Stichwort „Weltraumtourismus" als Einstieg verwendest.

Der Hauptteil

In einem erörternden Text soll ein Sachverhalt entwickelt oder etwas Strittiges argumentativ geklärt werden. Das hängt von der gestellten Aufgabe und der Themenfrage ab, die entweder linear oder kontrovers zu beantworten ist.

Themenfrage linear oder kontrovers

Die Themenfrage musst du oft selbst formulieren. Im Falle des Themas „Familie" könnten solche Fragen wie folgt aussehen:

a) Inwiefern hindert mich eine Familie an der Verwirklichung meiner Lebensziele (Stichworte: Beruf/Karriere/Einkommen/Wohnung/Urlaub ...)?

b) Welche Gründe/Ursachen gibt es dafür, dass die Familie zusehends als überholtes Modell angesehen wird?

c) Welche Folgen hat es (für Eltern, für die Kinder, für die Gesellschaft, für den Staat ...), wenn die Familie als überholtes Modell betrachtet wird?

d) Wie sieht die Familie der Zukunft aus?

e) Was kann die traditionelle Familie leisten, was nicht?

f) Handelt es sich bei der Familie tatsächlich um ein überholtes Modell? (Beobachtungen über den Wertewandel, den Bedeutungswandel der Familie)

g) Hat die Familie in Zukunft noch eine Chance?

Linear erörtern

Handelt es sich bei der Themenfrage um eine Ergänzungsfrage, die du nicht mit Ja oder Nein beantworten kannst, dann wirst du eher linear erörtern, also eine Linie bei der Entwicklung deiner Gedanken verfolgen, zum Beispiel bei den Fragen a-d.
Es werden nicht Für- und Wider-Standpunkte erwartet, sondern es geht darum, Gedanken zum Thema zu entwickeln. Hier wird nach eventuellen Ursachen, Erscheinungsformen, Handlungsmöglichkeiten, Folgen etc. gesucht.

Lineare Erörterung

Ergänzungsfragen

Bei der Erörterung der Frage „Welche Gründe gibt es dafür, dass die Familie zusehends als überholtes Modell angesehen wird?" könntest du zunächst gesichertes Zahlenmaterial vorstellen (Scheidungsrate, Geburtenrate ...), das deutlich macht, dass es die Familie, so wie man sie von früher kennt, nicht mehr so häufig gibt (Großfamilien mit mehreren Kindern; mehrere Generationen unter einem Dach; klassisches Rollenverhältnis: Vater als Ernährer der Familie, Mutter als Hausfrau und für die Erziehung der Kinder verantwortlich ...).

Als Ursachen für den Rückgang stabiler Familienformen könntest du zum Beispiel auf moderne Arbeitsverhältnisse und einen damit verbundenen ständigen Wohnortwechsel durch beruflich geforderte Mobilität, auf die frühere Abnabelung der Kinder oder auf ein verändertes Rollenverhalten hinweisen.

Bei der linearen Erörterung bietet sich eine steigernde Anordnung an:
Du willst deinen Leser zunehmend von der Richtigkeit deiner zentralen Aussage überzeugen. Daher ist es günstig, wenn das wichtigste Argument als Höhepunkt der Argumentation am Schluss deines sich steigernden Hauptteiles steht. Das bedeutendste Argument ist das, für das du die besten Belege und Beispiele finden konntest (vgl. Insel 5, Seite 64f.).

Steigernde Anordnung der Argumente

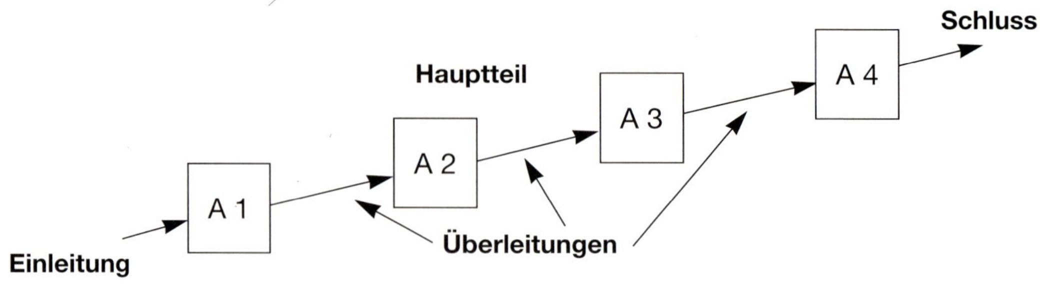

1. Formuliere eine weitere Ergänzungsfrage zum Thema Familie, die nach einer linearen Erörterung verlangt.

Kontrovers erörtern

Kontroverse Erörterung

Im Fall der Frage „Was kann die traditionelle Familie leisten, was nicht?“ (Seite 49, e) solltest du einerseits darlegen, was *für* die herkömmliche Form der Familie spricht und andererseits, was daran tatsächlich überholt zu sein scheint, was also *dagegen* spricht. Es geht um positive und negative Aspekte des Themas.

kontrovers antithetisch dialektisch

Diese Form des Erörterns, bei der Pro- und Kontra-Argumente gegeneinander abgewogen werden, nennt man kontrovers (entgegensetzend), antithetisch (anti = gegen) oder dialektisch (gegensätzlich).

Standpunkt abgrenzen

Zu solchen Fragestellungen soll entweder ein Einvernehmen hergestellt, ein Kompromiss geschlossen oder eine Entscheidung herbeigeführt werden. Auf jeden Fall musst du deinen Standpunkt gegenüber anderen abgrenzen.

Entscheidungsfragen

Auch die Beispiele f) und g) (Seite 49) fordern dich zum kontroversen Erörtern von Pro- und Kontra-Argumenten und zu einer eigenen Stellungnahme auf. Hier handelt es sich um Entscheidungsfragen, die mit Ja oder Nein beantwortet werden können. Bei Entscheidungsfragen wird nach dem Abwägen verschiedener Standpunkte eine begründete Zustimmung oder Ablehnung zu einem aufgeworfenen Problem erwartet.

2. Formuliere eine weitere Entscheidungsfrage zum Thema Familie, die nur mit Ja oder Nein beantwortet werden kann und die daher nach einer kontroversen Erörterung verlangt.

3. Schau dir nochmals die sieben Beispiele für die Möglichkeiten einer Einleitung auf den Seiten 47 und 48 an.
- Welche Einleitung eignet sich für eine lineare Argumentation?
- Bei welcher Einleitung erwartest du eine Pro- und Kontra-Argumentation?

Der Aufbau einer kontroversen Erörterung kann nach zwei unterschiedlichen Mustern gestaltet werden. Welches du verwendest, hängt von der Entscheidung ab, was du für die Erreichung deines Schreibziels für angemessener hältst.

Aufbau einer kontroversen Erörterung

Gliederungsmuster 1:

A. Einleitung

B. Hauptteil

I. These
1. Pro-Argument
2. Pro-Argument
3. Pro-Argument

...

II. Anti-These
1. Kontra-Argument
2. Kontra-Argument
3. Kontra-Argument

...

C. Schluss

Gliederungsmuster 2:

A. Einleitung

B. Hauptteil

I. These	**II. These**
1. Pro-Argument →	1. Kontra-Argument
← 2. Pro-Argument →	2. Kontra-Argument
← 3. Pro-Argument →	3. Kontra-Argument
← ...	

C. Schluss

Du musst dir schon bei der Planung deiner Erörterung darüber klar werden, in welche Richtung deine Argumentation verlaufen soll und dich dazu wieder in die Adressaten hineinversetzen.

Auch zum Thema Mobilität lassen sich zahlreiche Themenfragen formulieren. Diese könnten etwa wie folgt aussehen:

a) „Berufsmobilität und Lebensform – Sind berufliche Mobilitätserfordernisse in Zeiten der Globalisierung noch mit der Familie vereinbar?“

b) Fahren ist mehr als nur die Bewegung von einem Ort zum anderen. Welche Gründe mag es geben, ständig, vor allem mit dem PKW, unterwegs sein zu wollen oder zu müssen?

c) Das Gebot der modernen Ökonomie heißt: sich rasch auf Veränderungen einstellen, nicht zu fest an Bestehendem festhalten, offen für neue Entwicklungen sein. Wer diese Mobilität verweigert, gilt schnell als träge und nicht karriereorientiert. Ist Mobilität demnach positiv oder negativ zu bewerten?

d) Die von der Gesellschaft wie auch von den Arbeitgebern geforderte Mobilität bedeutet zumeist Auto-Mobilität – auch für junge Menschen. In letzter Zeit wird deshalb über den Führerschein mit 17 diskutiert. Macht eine so frühe Einführung des Führerscheins Sinn?

e) Der Trend der deutschen Touristen geht weg von langen Urlauben hin zu Kurz-Trips. Welche Gründe und Ursachen können hierfür ausgemacht werden?

4. Du siehst an den Fragestellungen, dass auch hier viel Strittiges zu klären ist. Wieder muss zunächst herausgefunden werden, ob die Themenfrage linear oder kontrovers zu beantworten ist. Welche der Themenfragen a) bis e) sind linear, welche kontrovers zu erörtern?

Der Schluss

Aufbau eines Schlusses

Das Finale deines argumentativen Textes ist ein guter Schluss, der alles noch einmal auf den Punkt bringt. Dafür gibt es verschiedene Möglichkeiten:

- die zentralen Aussagen zusammenfassen
- Schlussfolgerungen aus dem Gesagten in Form einer Wertung oder eines Urteils ziehen
- einen Ausblick geben, zum Beispiel auf die mögliche Entwicklung des Problems
- den Leser direkt ansprechen und an eine mögliche Meinungsbildung zum Thema erinnern
- besondere stilistische Mittel verwenden, z.B. ein Zitat, eine offene Frage, die zum Nachdenken anregt, einen Appell oder einen Wunsch

Allerweltsformulierungen sind zwar geläufig, wirken jedoch oft langweilig:

Zusammenfassend kann ich sagen, dass ...
Abschließend möchte ich feststellen, dass ...
Aus all dem Gesagten folgt, dass ...

Besser wäre es, auch hier wieder einen „Knaller“ einzusetzen, der zeigt, dass es sich gelohnt hat, deinen Text zu lesen.

Beispiele:

1. Beispiel:
Freuen würde es nicht nur mich, sondern die Mehrzahl der Schülerinnen und Schüler unserer Schulgemeinschaft, wenn die von mir dargestellten Gründe in der aktuellen Diskussion an unserer Schule berücksichtigt würden. Falls dies nicht ausreicht, sind wir von der SMV bereit, eine Unterschriftenaktion zu starten und Sponsoren für unsere Vorschläge zu gewinnen. Wir wollen damit keine Konfrontation der Meinungen bewirken sondern zeigen, wie weit wir bereit sind, unsere Forderungen aktiv zu unterstützen.

2. Beispiel:
Man sagt oft, dass man das, was man nicht hat, haben möchte. Also dürfte sich meine Freundin nur ein Kind wünschen und dazu vielleicht einen Partner, ich hingegen viele Kinder und ein ausgeprägtes Familienleben. Nichts davon ist wahr. Zuallererst wollen wir berufstätige Frauen werden. Natürlich wollen wir dann auch einmal die Liebe unseres Lebens treffen, mit der ... na ja, das wird eine andere Geschichte und die wird das Leben schreiben.

3. Beispiel:
Ich sag euch was: Frauen können das gar nicht aushalten und Männer auch nicht. Deshalb soll jeder so leben wie es ihm passt.

4. Beispiel:
Trotz all dieser schwerwiegenden Bedenken, die ich im vorausgegangenen Text versucht habe zu entkräften, bin ich absoluter Familienfan. Ich genieße es, mit den Großeltern unter einem Dach wohnen zu können. Das Wichtigste für mich ist jedoch, dass wir uns immer Zeit füreinander nehmen und wir sehr viel Vergnügen miteinander haben. Genau das muss sich eine Familie leisten können. Aber das Allerschönste ist, ein Kind von Eltern zu sein, die sich bedingungslos lieben.

5. Beispiel:
Wenn man bedenkt, dass ich gerade mal 16 Jahre alt bin und jede dritte Ehe geschieden wird, kann ich mir den Traum von einem rosigen Familienleben wohl abschminken. Vermutlich wird es in 10 Jahren nicht mehr die Familie geben, von der ich träume. Die Frauen werden ohne Männer entscheiden, wann und von wem sie ein Kind wollen oder ob es geklont sein darf. Der Beruf des Standesbeamten wird aussterben und ersetzt werden durch den Familycooperator.

6. Beispiel:
Ich glaube, wir Jugendlichen sind besser als es unsere Elterngeneration vermuten lässt. Auch wenn wir mit unserer lockeren Haltung viel auf uns zukommen lassen, nehmen wir Schule und Ausbildung sehr ernst. Wir „gehen davon aus, dass wir später einmal heiraten und Kinder bekommen werden“, (Shell Studie 2000, S. 32). Ich mache mir vorläufig keine Gedanken, was später sein wird. Ich lebe. Ich plane nicht.

1. Welcher Schluss scheint dir am geeignetsten für den Text, der am Wettbewerb teilnehmen soll?

2. Welcher Schluss setzt wirklich einen Schlusspunkt? Woran liegt das?

3. Welcher Schluss ist für Erwachsene, welcher für Jugendliche gedacht?

4. Welcher Schluss schließt mit einem Ausblick auf eine mögliche Entwicklung des Problems?

5. Welcher Schluss appelliert direkt an die Leserinnen und Leser?

6. Versuche, Beispielen aus der Einleitung passende Schlussbeispiele zuzuordnen.

7. Hast du einen „Knaller“ gefunden?

8. Schreibe einen Schluss für deine Rede über Mobilität in unserer Gesellschaft, z.B. zum Thema „Führerschein mit 17?“.

Argumente formulieren

In diesem Kapitel

- erfährst du genauer, was Argumente sind,
- kannst du üben, Argumente zu formulieren und auszubauen,
- bekommst du Hilfen, deine Beobachtungen und ausgewerteten Informationen über den zu erörternden Sachverhalt in eine sprachliche Form zu bringen.

Argumentieren

Beim Argumentieren macht man zunächst Aussagen, die

- Vermutungen aufstellen,
- Feststellungen treffen,
- Erklärungen abgeben,
- Beurteilungen vornehmen,
- Empfehlungen aussprechen.

Thesen

Adressaten überzeugen

Oftmals werden deine Auffassungen und Behauptungen über das Thema, deine Thesen, nicht von anderen geteilt. Diese strittigen Thesen bilden meist den Ausgangspunkt der Argumentation. Wenn du deine Adressaten überzeugen willst, musst du deine Meinung mit Argumenten begründen und die Gegenmeinung kennen. Daher gehören Argument und Gegenargument stets zueinander.

Argumentation: These und Argumente

Argumentation = These und Argumente

In einer Argumentation

- verknüpft man eine These mit Begründungen und Beispielen, um einen Standpunkt darzustellen oder zu verteidigen,
- versucht man den Adressaten, sofern dieser anderer Meinung ist, von der Richtigkeit der Thesen zu überzeugen, indem man Begründungen formuliert,
- zieht man aus dem Gesagten Schlussfolgerungen.

These und Argument (Begründung und Beispiel) bilden das Minimalgerüst einer Argumentation.

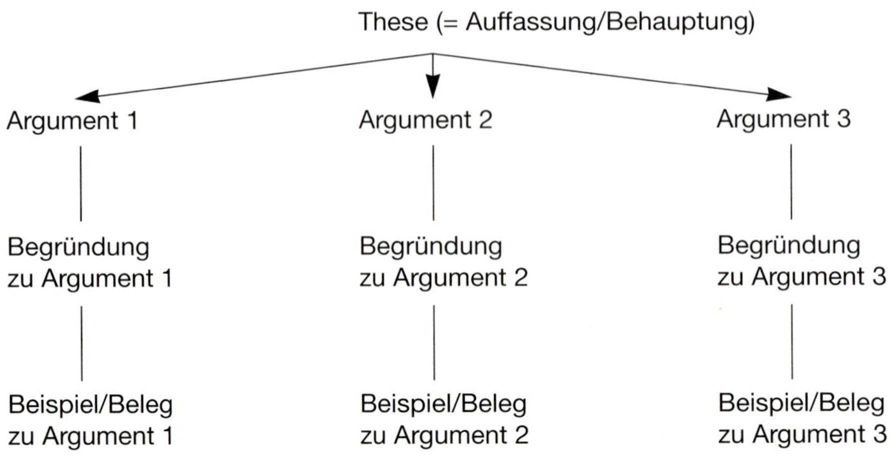

Argument (lat. argumentum ›Darstellung, Beweis‹). **1**. Bez. für eine Aussage, die im Hinblick auf eine Behauptung begründende Funktion beansprucht bzw. deren Begründungswert hinsichtl. der Behauptung anerkannt wird. Die Argumente besitzen eine allgemeine Struktur: Ein Argument setzt sich zusammen aus der problemat. Äußerung, für die ein bestimmter Geltungsanspruch erhoben wird, und aus dem grundlegenden Prinzip oder der Regel, mit dem bzw. der dieser Anspruch etabliert werden soll. In einer Argumentation stellen ein A. oder eine Reihe von A. Schritte zur Begründung einer Aussage dar. ... Eine schlüssige Argumentation, in der in einer Reihe von A.schritten jedem einzelnen zugestimmt wurde, gilt als Begründung bzw. als Beweis einer Aussage. Das Kriterium der Schlüssigkeit besteht darin, dass niemand, der den Ausgangssätzen einer Argumentation zugestimmt hat, einem A. widersprechen kann, ohne nicht einem von ihm bereits akzeptierten früheren A. zu widersprechen. [...]

(Aus: Glück, Helmut (Hg.): Metzler Lexikon Sprache. Metzler Verlag, Stuttgart, Weimar [2]2000, S. 59)

1. Versuche, den Lexikonartikel in eigenen Worten wiederzugeben.

Adressat
Schreibziel

Auch bei der Formulierung eines jeden Arguments ist es wieder wichtig, die Adressaten und das Argumentationsziel, also dein Schreibziel im Blick zu haben.

Jeder Adressat verlangt ein etwas anders angelegtes Vorgehen: „Der Ton macht die Musik“. Bei gleichaltrigen Klassenkameraden kannst du emotionaler und umgangssprachlicher argumentieren. Die Mitglieder der Schulkonferenz (Lehrer, Eltern, Schulleitung) hingegen überzeugt man wohl eher mit sachlichen Argumenten, die nicht zu salopp in der Sprache sein sollten. Es kommt also darauf an, beim Schreiben die Perspektive der Adressaten einnehmen zu können.

2. Untersuche, welche Argumentation zu welchem Schreibanlass passen könnte, indem du den passenden Buchstaben der darunter folgenden Beispiele zuordnest:

Schreibanlass:	Argumentation:
Beitrag für eine Jugendzeitschrift	
Antrag an den Gemeinderat zur Einrichtung einer Tischtennisplatte und anderer Spielgeräte auf dem Schulgelände	
Vortrag vor der Schulkonferenz, bei der es um die Betreuungsangebote an der Schule geht	
Leserbrief für die Tageszeitung zu einem Beitrag über die örtlichen Mietpreise	
Artikel in einem Wirtschaftsforum, das z.B. Unternehmer lesen	

a) Die Argumentation fordert, mehr Teilzeit-Arbeitsplätze zu schaffen und Möglichkeiten der Kinderbetreuung zu unterstützen.

b) Die Argumentation plädiert dafür, in der Schule einen „Mittagstisch“ und eine Freizeitgruppe einzurichten, damit mehr Mütter einer Berufstätigkeit nachgehen können.

c) An Argumenten zum gesellschaftlichen Wandel (z.B. Anstieg von Single-Haushalten, wachsender Straßenverkehr) wird gezeigt, dass kinder- und jugendfreundliche Lebensräume immer weniger werden und daher öffentliche Angebote verstärkt notwendig sind.

d) Die Argumentation bringt die Zuhörer zum Nachdenken darüber, wie sie selbst zur Gründung einer Familie stehen.

e) Es werden Argumente dafür vorgebracht, dass mehr familienfreundlicher und bezahlbarer Wohnraum geschaffen werden muss.

3. Formuliere zu einem der oben genannten Beispiele einige Argumente, die das Argumentationsziel weiter ausführen.

Es ist wichtig, dass deine Argumente

- in einem engen Bezug zu deinen Thesen stehen und für den behaupteten Sachverhalt relevant sind,
- die Thesen belegen, z.B. mit Fakten,
- für deine Adressaten angemessen und gegenüber Einwänden haltbar sind.

Textsorte und Kontext

Die Wahl einer bestimmten Textsorte und der Ort der Veröffentlichung wecken bei deinen Adressaten bestimmte Erwartungen.
Das gilt auch für argumentative Texte, die immer einen dialogischen Charakter haben. Beachte daher, in welchem Kontext deine Argumentation später gelesen oder gehört wird, zum Beispiel:

- In einer Rede kannst du mehr direkte Ansprachen an die Zuhörer einplanen; du solltest besonders auf einen guten Einstieg Wert legen. Außerdem musst du bedenken, dass die Adressaten deinen Text hören – anders als beim Lesen sind daher auch Wiederholungen erlaubt und du solltest dich auf das Wichtigste beschränken (vgl. dazu auch Insel 8).
- Die Argumentation in einem Beitrag für eine Jugendzeitschrift orientiert sich an dem Stil, den diese hat. Die Auswahl der Beispiele, die Vorwegnahme von Gegenargumenten usw. wird hier anders ausfallen als etwa in einer Fachzeitschrift.

„Hineinschlüpfen lassen ...“ – Tipps zum Argumentieren

> *„Man sollte die Wahrheit dem anderen wie einen Mantel hinhalten, dass er hineinschlüpfen kann, und nicht wie ein nasses Tuch um den Kopf schlagen!“*
> (Max Frisch)

Arbeite mit klaren Begriffen und Formulierungen

In einer Argumentation geht es in der Regel nicht nur darum, Recht zu behalten. Du solltest es vermeiden, deine Adressaten zu „überfahren“. Dabei helfen dir die folgenden Überlegungen:

☞ Deine Argumente sollten nicht mit unscharfen Begriffen oder unverständlichen Fremdwörtern „gespickt“ sein, z.B.:

„Besonders Sandwich-Kinder haben innerhalb eines Familienverbandes die größten Probleme, ihre Rolle zu finden. Familienforscher prognostizieren diesbezüglich jedoch, dass ...“

Was sind „Sandwich-Kinder“? Was bedeutet „prognostizieren“?
Verwende also entweder besser verständliche Begriffe oder erkläre die benutzten Begriffe näher.

1. Schreibe den Satz so um, dass man ihn auch ohne Fremdwörter-Lexikon verstehen kann.

Schreibe keine Schachtelsätze

☞ Deine Sätze sollten nicht zu verschachtelt und damit unverständlich sein, z.B.:

„Das Modell der Normalfamilie in der Mitte des vorigen Jahrhunderts, das die Großfamilie abgelöst hatte und heute von der überwiegenden Mehrheit der Bevölkerung akzeptiert wird, sah so aus, dass der Vater für die wirtschaftliche Grundlage der Familie durch Erwerbsarbeit sorgte, während die Mutter sich um den Haushalt kümmerte und die Kinder, die diese Rollen dann später übernahmen, erzog.“

In diesem Beispiel stecken zwar gute Aspekte des Themas, diese werden jedoch durch die Satzlänge schwer verständlich.

2. Zerlege den Satz in mehrere kleine Sätze, aus denen sich der Sinn besser erschließen lässt.

Gib Meinungen nicht als Fakten aus

☞ Du solltest deine Vermutungen nicht wie erwiesene Tatsachen präsentieren, z.B.:

„Das weiß doch jeder, dass es sich bei dem Zusammenschluss zu einer so genannten Familie um ein völlig überholtes Modell handelt.“

3. Wandle den Satz in eine vorsichtigere Formulierung um.

Vermeide also Formulierungen wie

- *Das weiß doch jeder, dass ...*
- *Ganz unbestritten ist doch, dass ...*
- *Das jedoch steht fest ...*
- *Man muss ja mal sagen, was Sache ist ...*

Nutze Zitate nicht als Blendwerk

☞ Oft werden fehlende Informationen auch durch unklare Quellenangaben verschleiert. Aussagen wie die folgenden hast du nicht nötig, wenn du gut recherchiert hast und die Herkunft deiner Belege offen legen kannst:

In vielen Untersuchungen kann man nachlesen, dass ...
Die meisten Politiker unterstützen die These, dass ...

Gib also deine Quellen stets korrekt an und achte auf ihren Informationsgehalt:

- Setze wörtliche Zitate in Anführungszeichen und schreibe die Quelle in Klammern dahinter: „...“ *(D. Koch in der Remszeitung vom 07.11.2001)*
- Bette sinngemäß übernommene Aussagen in deinen Satz ein, z.B.: *Nach D. Koch kann man davon ausgehen, dass ... (vgl. Koch in der Remszeitung vom 07.11.2001)*

4. Suche aus dem Text „Familie bleibt Ort der Solidarität“ (Seite 22ff.) einige Aspekte heraus, die du in einer Argumentation verwenden würdest. Formuliere daraus einen argumentativen Satz mit korrekter Zitierweise.

Zitiere nur anerkannte Autoritäten

☞ Verwende auch keine Zitate von Personen, die nicht als Autoritäten auf dem jeweiligen Gebiet gelten:

Auch meine Nachbarin, Frau Müller, sagt immer, dass sich im Normalfall die Mutter um den Haushalt kümmern solle.
Mein Mitschüler meinte neulich, jede zweite Ehe in Deutschland würde innerhalb der ersten drei Jahre wieder geschieden werden.

Vermeide Schein-alternativen

☞ Dränge deine Adressaten nicht in die Enge, indem du nur zwei Alternativen zulässt, obwohl es auch noch andere geben würde.
Beispiele:

- *In diesem Fall gibt es nur ein klares Ja oder Nein.*
- *In dieser Frage muss man daher klar Farbe bekennen und sich dafür oder dagegen entscheiden.*

Am folgenden Beispiel erkennst du, dass du deinem Adressaten nur die Wahl zwischen zwei Alternativen lässt, obwohl es vielleicht durchaus andere Lösungen gäbe:

Wenn man sich als Frau daher überlegt, ob man beruflich Karriere machen möchte, so gibt es eigentlich nur zwei Alternativen. Ohne Kinder ist eine Karriere zweifellos möglich, Kinder hingegen machen dies unmöglich. Daher muss sich eine Frau entscheiden: Kind oder Karriere? Beides zusammen geht nicht.

5. Schreibe den Satz so um, dass auch Zwischenlösungen deutlich werden.

Vorsicht bei rhetorischen Fragen

☞ Rhetorische Fragen sind manipulierende Scheinfragen, auf die keine Antwort erwartet wird, z.B.:

Lassen sich Kind und Karriere etwa nicht vereinbaren? Wer glaubt denn noch daran, dass eine Familie den Kindern Halt und Geborgenheit geben würde?

Mit solchen Fragen solltest du vorsichtig umgehen und sie in schriftlichen Argumentationen weitgehend vermeiden:

- *Sind Sie etwa tatsächlich auch der Ansicht, dass ...?*
- *Gilt das eigentlich nichts, wenn ...?*
- *Ist es nicht so, dass ...?*

6. Formuliere die Fragen in Aussagen um. Wie verändert sich die Wirkung?

Personalisieren und emotionalisieren? Je nach Schreibziel!

☞ Häufig wird in Erörterungen verlangt, subjektive Elemente aus dem Text herauszuhalten; in einer sachorientierten Darstellung ist das auch sinnvoll. Im Fall einer Argumentation zu bestimmten Schreibanlässen (Rede, Wettbewerbsbeitrag, Leserbrief ...) kann es aber durchaus angemessen sein, an manchen Stellen ein Argument durch das Einbringen der eigenen Person oder durch einen so genannten „Gefühlswert" aufzuwerten:

Beispiele:

- *Aus eigener Erfahrung kann ich bestätigen, dass ...*
- *Mich persönlich macht diese Frage besonders betroffen, weil ...*
- *Da eine solche Entwicklung, wie ich sie eben beschrieben habe, längst eingetreten ist, halte ich es für dringend notwendig, dass wir ...*

7. Schreibe zum Thema Familie einen Satz, der deine persönliche Sicht oder Betroffenheit über einen Aspekt ausdrückt und damit deine Leser emotional besonders ansprechen könnte.

Übungen:

„Vor allem Adoleszente haben im Zuge des so genannten Postmaterialismus unter anderem eine hohe Wertschätzung für Natur und Umwelt."

8. Schreibe diesen Satz so um, dass er klar ist und auch ohne Fremdwörterlexikon verstanden werden kann.

9. Suche aus dem Text „Auszug aus einer Studie des Umweltbundesamtes: Umdenken und Umlenken" (S. 32) schwer verständliche Sätze heraus und versuche diese umzuschreiben.

„Lange Anfahrtszeiten zur Arbeitsstätte, bei denen zudem problematisch ist, dass diese Fahrten Schäden mitverursachen, wie etwa Waldschäden oder Klimaveränderungen, und bei denen große Mengen an Material und Energie verbraucht werden, gehen zu Lasten der Familie, da sich mit der Zeit sicherlich eine Entfremdung vom Partner einstellt, was letztlich vielleicht in einer Trennung endet."

10. Zerlege diesen Satz in mehrere kleine Sätze, aus denen sich der Sinn besser erschließen lässt.

11. Gib aus dem Zeitungstext „Trend zu kurzen Urlaubsreisen" (Seite 39f.) Gründe wieder, die erklären, weshalb immer mehr Menschen nur noch Kurzurlaube antreten. Wende dabei eine korrekte Zitierweise an.

12. Soll ein Jugendlicher bereits im Alter von 17 Jahren den Führerschein machen dürfen? Formuliere hierzu eine emotionale, aber überzeugend vorgebrachte Aussage, die von einem Sechzehnjährigen stammen könnte, der unbedingt mit 17 Auto fahren möchte.

Argumente ausbauen

Um die Wirkung deiner Argumente zu erhöhen, solltest du diese absichern und veranschaulichen. Baue deine Begründungen aus, indem du sie mit Belegen und Beispielen untermauerst, die deine Position deutlich machen; verzichte dabei auf Vorurteile.

These = Behauptung

wird gestützt durch

Argument	Ein Argument zu einer These reicht meistens nicht aus. Wenn dein Argument überzeugend sein soll, dann musst du hierzu passende Beispiele oder Belege finden.

wird untermauert durch

Belege	– nachweisbare **Tatsachen** (etwa über die Höhe der Scheidungsraten oder der Geburtenraten; aktuelle Informationen überzeugen am besten) – Aussagen und Zitate anerkannter **Autoritäten** (z.B. Wissenschaftler, Bundespräsident, Forschungsinstitut; als kompetent bekannte Persönlichkeiten überzeugen am besten) – allgemein anerkannte **Werte und Normen** (z.B. Rechte der Kinder, pädagogische Grundwerte) – **logische Denkmuster** (z.B. ein offensichtlicher Ursache-Wirkungs-Zusammenhang)

wird veranschaulicht durch

Beispiele	– überprüfbare eigene **Erfahrungen** und **Erlebnisse**, die allgemein nachvollziehbar sind – **Fallbeispiele** (überprüfbare Erfahrungen und Erlebnisse anderer, anerkannter Personen, z.B. aus den Medien)

Ein Beispiel:

	Argumentation			
These	**Argument**	**Ausbau des Arguments**		**Folgerung**
Die Familie ist ein überholtes Modell, ...	weil immer mehr Ehen in Deutschland geschieden werden.	So zeigt die Statistik des Bundesfamilienministeriums, dass jede zweite Ehe in Deutschland ...	Beispielsweise ist in Stuttgart die Zahl der allein erziehenden Mütter in den letzten Jahren sprunghaft angestiegen.	Daher sollte darüber nachgedacht werden, ob auch außereheliche Lebensgemeinschaften den Ehen rechtlich gleichgestellt werden sollten.

Besonders gut musst du Thesen (= Behauptungen) begründen, von denen du erwartest, dass sie bei deinen Adressaten auf große Skepsis stoßen.
Prüfe in diesem Fall besonders genau,

- ob deine Belege für die Leserinnen und Leser nachprüfbar und aktuell sind,
- ob die zitierte Autorität in ihrer Kompetenz zu dem Thema von ihnen anerkannt wird,
- ob die Werte und Normen, die du anführst, als gültig akzeptiert werden,
- ob deine Argumente logisch angreifbar sind,
- ob die von dir angeführten Erfahrungen und Fallbeispiele von deinen Adressaten nachvollzogen werden können.

1. Untersuche die folgenden Aussagen a) bis e) daraufhin, welcher der genannten Kategorien sie zuzuordnen sind. Finde weitere solcher Aussagen und baue sie zu schlüssigen Argumenten aus.

Tatsachen?
Autoritäten?
Werte/Normen?
Logik?
Erfahrungen/Fallbeispiele?

a) Schaut man sich in seinem Bekanntenkreis um, so macht man die Beobachtung, dass viele Ehen bereits geschieden oder gerade am Zerbrechen sind.

b) Jedes zweite Kind in Deutschland wächst heute ohne Geschwister auf.

c) In der Familie wird die Persönlichkeit, das Fühlen, Denken und soziale Verhalten eines Kindes zu einem großen Teil geprägt.

d) Ein weiteres Ergebnis der Studie: Die Deutschen suchen nach Sinn und Tiefe in ihrem Leben.

e) Wenn es immer weniger Partnerbeziehungen und Ehen gibt, dagegen aber immer mehr Menschen ein Single-Dasein leben, verwundert es nicht, wenn die Zahl der Geburten in Deutschland ständig abnimmt.

2. Ordne die beiden Aussagen zum Thema „Mobilität“ einer Kategorie zu und suche weitere Aussagen für die fehlenden Kategorien.

a) Allein in Deutschland schätzt das Umweltbundesamt die Kosten der vom Autoverkehr verursachten Umweltschäden auf rund 57 Milliarden Mark pro Jahr, darunter Schäden durch Luftverschmutzung (29 Milliarden Mark), Lärm (18 Milliarden Mark) sowie Boden- und Wasserverschmutzung (5,2 Milliarden Mark).

b) Jeder von uns hat dies doch bereits beobachtet: Autos werden fast überall im öffentlichen Straßenraum geparkt und besetzen oder zerstören gar wertvolle Flächen; diese Flächen werden somit auch einer anderen sinnvolleren Nutzung entzogen (Spielflächen, Grünflächen, Bänke, Fußwege).

c) ....

d) ...

e) ....

Tatsachen?
Autoritäten?
Werte/ Normen?
Logik?
Erfahrungen/ Fallbeispiele?

Die nächsten beiden Beispiele greifen auf die in Insel 3 gesammelten Stichwörter aus den Texten „Familie bleibt Ort der Solidarität“ (vgl. Seite 22ff.) und „Tradition steht in Deutschland hoch im Kurs“ (vgl. Seite 38f.) zurück.
Jeweils im Anschluss an ein Beispiel bist du aufgefordert, eine entsprechende Übung selbst durchzuführen, also ein schlüssiges Argument zu formulieren.

Übungen zum Ausbau von Argumenten

Die Argumentation im ersten Beispiel verfolgt die These, dass es sich bei der Familie um ein überholtes Modell handelt:

Stichwörter: Rollenverteilung/Geburtenrate/Scheidungsrate

These = Behauptung:

Bei der Familie handelt es sich um ein überholtes Modell. Die Familie in ihrer traditionellen Form hat in Zukunft keine Chance.

Argument:

Die bisherigen Rollenverhältnisse werden aufgelöst.
Die Frau ist nicht mehr nur Mutter und Hausfrau, sondern geht zusätzlich noch einem Beruf nach. Da diese Mehrfachbelastung aus Hausfrauendasein, Mutterschaft und Beruf aber von den Frauen nahezu nicht zu leisten ist, verzichten viele heutzutage auf Kinder.

Beleg:

Dies belegen die Statistiken, die zeigen, dass die Geburtenraten extrem niedrig sind. So bildet Deutschland mit 135 Geburten auf 100 Frauen gemeinsam mit Spanien und Italien das Schlusslicht in den Industrieländern (vgl. Bertram 2001: „Familie bleibt Ort der Solidarität“).

Folgerung:

Folglich muss darüber nachgedacht werden, welche Formen der Unterstützung möglich wären, zum Beispiel durch Ganztageskindergärten, Ganztagesschulen oder weitere entlastende Einrichtungen. Somit ließen sich eventuell Kinder und Karriere doch vereinbaren. Zudem muss Arbeit im Haushalt nicht Frauenarbeit sein.

3. Baue die folgenden Stichwörter nach dem gleichen Muster zu einem schlüssigen Argument aus:

These = Behauptung:

Bei der Familie handelt es sich um ein überholtes Modell.

Argument:

Ehe und Familie, die eigentlich auf Dauer angelegten Formen des Zusammenlebens „bis dass der Tod euch scheidet", haben heutzutage schon lange nicht mehr den gleichen Stellenwert wie früher. ...

Beleg (Statistik, Zahlenmaterial u.a.):

Krise der Familie, Scheidungsrate ...

Beispiel (eigene Erfahrungen, Beobachtungen):

Scheidungskinder, Einzelkinder, allein erziehende Mütter ...

Folgerung:

Andere Formen des Zusammenlebens ...

Das nächste Beispiel und die sich daran anschließende Übung (Aufgabe 4) stehen für die entgegengesetzte These, die besagt, dass man an dem Modell Familie festhalten sollte.

Stichwörter: Rückbesinnung auf die Familie / traditionelle Werte ...

These:

Die Familie ist kein überholtes Modell. Diese Form des Zusammenlebens wird nicht so bald „vom Aussterben bedroht" sein.

Argument:

Eine Umfrage des Hamburger BAT-Freizeit-Forschungsinstitutes zeigt, dass traditionelle Werte wieder hoch im Kurs der Deutschen stehen. Waren es vor zwei Jahren noch 44 %, so steht heute für 51 % der Befragten die Beschäftigung mit der Familie im Mittelpunkt.

Beleg:

Der Selbstentfaltungstrend der (West-)Deutschen ist gewaltig gebremst, die Suche nach Sinn und Tiefe im Leben steht für viele Deutschen im Vordergrund ihres Strebens. Die Menschen verlangen, so der Institutsleiter Horst W. Opaschowski, nach Orientierung und Beständigkeit.

Folgerung:

Diese Umfrageergebnisse zeigen, dass „die Familie wieder zum Lebensmittelpunkt werden könnte", meint Opaschowski. Demzufolge kann man von der Familie nicht von einem überholten Modell sprechen, sondern es muss vielmehr darüber nachgedacht werden, wie man die Familie stärken kann, damit sie „überlebt".

4. Baue die folgenden Stichwörter zu einem schlüssigen Argument aus:

These:

Die Familie muss nicht unbedingt als ein überholtes Modell gelten.

Argument:

So lassen sich innerhalb der Familie zahlreiche Werte vermitteln, die heutzutage wieder gefragt scheinen.

Beispiel:

Ernsthaftigkeit, Ruhe, Gemeinschaftssinn // Oberflächlichkeit, Betriebsamkeit, Vereinzelung

Folgerung:

...

Das nächste Beispiel betrifft das Projekt „Mobilität“. Nehmen wir an, du schreibst eine Argumentation zum Thema „Führerschein mit 17?“.

Stichwörter: Wohnen auf dem Land; auf die Eltern angewiesen sein; fehlende öffentliche Verkehrsmittel ...

These:

Gerade für Jugendliche, die auf dem Land wohnen, ist es mehr als notwendig, den Führerschein so früh wie möglich machen zu dürfen.

Argument:

Auf dem Land ist das öffentliche Nahverkehrsnetz weniger dicht ausgebaut als im städtischen Raum. Daher sind diese Jugendlichen, wenn sie denn Vereinstätigkeiten nachgehen oder einfach nur Freunde treffen möchten, oft auf die Fahrdienste der Eltern, der älteren Geschwister oder anderer Helfer angewiesen.

Beispiel:

Spielt man etwa ein Instrument im Musikverein, so finden die Proben hierfür meist am Abend statt und dauern oft bis in die Nacht. Ist die Probe beendet und der letzte Bus weggefahren, steht man ohne eigenen Führerschein und ohne Auto doch recht hilflos da.

Folgerung:

Gerade solchen Jugendlichen sollte daher die Möglichkeit gegeben werden, ihren Führerschein bereits im Alter von 17 Jahren machen zu dürfen, um nicht ständig auf andere angewiesen sein zu müssen.

5. Suche Aspekte, die gegen den Führerscheinerwerb im Alter von 17 Jahren sprechen. Formuliere einige schlüssig ausgebaute Argumente. Helfen können dir dabei die folgenden Stichwörter:

Unfallzahlen, Kosten für Führerschein und Auto, geistige Reife ...

Argumente gewichten und verknüpfen

Gewichten: Nach Überzeugungskraft ordnen

Für den Aufbau deines argumentativen Textes ist es hilfreich, wenn du dir über die unterschiedliche Überzeugungskraft der nun von dir ausgebauten Argumente Gedanken machst (vgl. Insel 4, Seite 49f.: steigernde Anordnung)
Dabei kannst du schrittweise vorgehen:

1. Für diese Aufgabe benötigst du grüne und rote Kärtchen. Schreibe die Argumente, die du überzeugend findest, auf grüne Kärtchen. Schreibe die Argumente, die deiner Meinung widersprechen oder die du durch Gegenargumente „aushebeln" willst, auf rote Kärtchen. Die vor dir auf dem Tisch liegendenden grünen und roten Kärtchen können beliebig hin- und hergeschoben werden. Dabei kannst du verschiedene Sortiermöglichkeiten ausprobieren.

2. Überlege, welche Argumente für dein Schreibziel besonders geeignet sind. Vergib dafür Überzeugungspunkte, die du z.B. in die Ecke deines Karteikärtchens malst:

♥♥♥ ganz besonders durchschlagend
♥♥ sehr überzeugend
♥ überzeugend

Verfahre im Fall von Gegenargumenten entsprechend:

♠ schwaches Gegenargument, leicht zu widerlegen
♠♠ zu beachtendes Gegenargument
♠♠♠ ganz besonders schwer zu widerlegendes Gegenargument

3. Sortiere nun die Karten nach ihrer Wichtigkeit. Bilde jeweils eine grüne und eine rote Reihe. Damit hast du das Gerüst für Gliederungsmuster 1 (vgl. Insel 4, Seite 51) erstellt. Überlege jetzt, welches Gliederungsmuster du für deinen Textaufbau bevorzugst. Dazu kannst du nun die Kärtchen so umsortieren, dass jedem Argument ein Gegenargument gegenüberliegt (Gliederungsmuster 2, Insel 4, Seite 51).

Sinnvolle Verknüpfung der Argumente

Ein wichtiger Schritt beim eigentlichen Schreiben des Hauptteils ist nun die sinnvolle Verknüpfung der ausgebauten Argumente. Du musst über geeignete Überleitungen verfügen, damit sich deine Erörterung wie ein flüssiges Ganzes liest.

Konjunktionen und Adverbien als Überleitungen

Dabei helfen dir Konjunktionen und Adverbien, die

- **anreihen:** zuerst, dann, auch, außerdem, weiter, weiterhin, ferner, darüber hinaus, nicht nur – sondern auch, schließlich, endlich, zudem, zuletzt ...
- **folgern:** also, folglich, demzufolge, demnach ...
- **Konsequenzen aufzeigen:** falls, wenn, sofern, unter der Bedingung, dass ...
- **begründen:** da, daher, deshalb, deswegen, darum, denn, nämlich, weil, aus diesem Grund ...
- **einen Gegensatz herstellen/unterschiedliche Meinungen hervorheben:** jedoch, allerdings, aber, dagegen, dessen ungeachtet, dennoch, einerseits – andererseits, auf der anderen Seite, gleichwohl, indes, indessen, zwar – aber, trotzdem, während, einschränkend ...
- **Bedingungen angeben:** sonst, andernfalls, wenn, falls, insofern ...
- **vergleichen:** verglichen mit, so wie, wie, als ob ...

Die Überleitungen haben zwei wichtige Aufgaben:

- Du musst den Leser damit durch deinen Text führen und ihm zeigen, wo jeweils ein neuer Gedanke beginnt.
- Du musst die Gliederung deiner Argumentation erkennbar werden lassen.

Beispiel:
Als Beleg dafür, dass es sich bei der Familie um ein überholtes Modell handelt, hast du entschieden, dass das Zahlenmaterial hierzu (Geburtenrate, Scheidungszahlen ...) unerschütterlich ist. Diese Belege möchtest du mit geeigneten Überleitungen verbinden.

Deine Argumentation sieht dann etwa wie folgt aus:

Reihende Abfolge der Belege

Nicht nur die Zahl der Geburten ist in den letzten Jahren zurückgegangen, sondern auch die Zahl der Scheidungen ist sprunghaft angestiegen.

oder

Herstellung eines Gegensatzes; Folgern

Einerseits ist es zwar schon so, dass die Zahl der Ehescheidungen enorm angestiegen ist, andererseits verwundern die Zahlen, die darauf verweisen, dass nur 20 Prozent der Kinder nicht bei ihren leiblichen Eltern wohnen.
Folglich muss es heutzutage andere, neue Familienformen geben, etwa die Fortsetzungsfamilie ...

oder

Aufzeigen der Konsequenzen

Wenn also die Zahl der Geburten weiter sinkt, die Zahl der Ehescheidungen hingegen weiter steigt, dann ist abzusehen, dass man die Familie tatsächlich als überholtes Modell bezeichnen muss, da es kaum mehr intakte Ehen und noch weniger Kinder geben wird.

4. Auch für den Wettbewerbsbeitrag in der Jugendzeitschrift kannst du nun deine Argumente verknüpfen. Probiere verschiedene Möglichkeiten aus.

Steigerung der linearen Argumentation

Die Wahl der Überleitungen hängt davon ab, für welches Gliederungsmuster du dich entschieden hast. Beim linearen Erörtern kannst du die Steigerung deiner Argumentation durch Satzbausteine unterstreichen, die eine Reihenfolge deutlich machen und dem Leser zeigen, dass du dich dem stärksten Argument näherst.

Argument	Zu verwendende Satzbausteine
Erstes Argument	Als Erstes ... Zum Ersten ... Zunächst ... Erstens ...
Zweites Argument	Außerdem ... Ebenso ... Ferner ... Zweitens ... Zum Zweiten ... Daneben ... Dann ... Darüber hinaus ... Noch wichtiger ist ... Bedeutsam ist auch ...
Drittes Argument	Zum Dritten ... Besonders wichtig ist ... Am wichtigsten ist ... Vor allem ... Schließlich ... Noch bedeutender ist ... Schwerer wiegt ...

5. Suche drei wichtige Argumente zum Thema Familie, die du zuvor nach ihrer Überzeugungskraft sortiert hast, etwa anhand der Kärtchenmethode (siehe die Aufgaben 1–3, S. 64). Schreibe nun, unter Verwendung der obigen Satzbausteine, eine schlüssige Argumentationsfolge, bei der deutlich wird, dass du dich zunehmend deinem stärksten Argument näherst.

6. Beim Verfassen einer linearen Erörterung zum Thema „Gründe für die steigende Freizeitmobilität" verwendest du das Diagramm „Angst, etwas zu verpassen" des BAT-Freizeit-Forschungsinstituts auf Seite 43. Dort ist bereits durch die Prozentangabe eine Stufung der Gründe vorweggenommen, die du nun in Worte fassen kannst. Wähle für diese Übung drei Argumente aus und schreibe den Baustein des Hauptteils, in dem diese miteinander verknüpft sind.

7. Stell dir vor, du solltest eine Rede vor Bundestagsabgeordneten halten, die du davon überzeugen möchtest, dass du den Führerschein mit 17 für absolut notwendig hältst. Beim Verfassen des Hauptteils ordnest du die Argumente nach ihrer Überzeugungskraft. Wähle drei Argumente aus und verknüpfe sie sinnvoll. Stelle das für dich bedeutendste Argument an den Schluss.

Argumente und Gegenargumente verbinden

Verknüpfen beim kontroversen Erörtern

Beim kontroversen Erörtern ist es besonders wichtig, Argumente und Gegenargumente so miteinander zu verbinden, dass es nicht zu holprigen Übergängen in der Argumentationsstruktur kommt, die der Leser dann nicht mehr versteht.

Gliederungsmuster 1: Der Wendepunkt

Erst Pro dann Kontra oder umgekehrt

Auf Insel 4 (Seite 51) hast du zwei Gliederungsmuster für die kontroverse Darstellung kennen gelernt. Wenn dir die direkte Zuordnung von Argument und Gegenargument schwer gelingt, kannst du auf Gliederungsmuster 1 zurückgreifen, nach dem zunächst alle Pro-Argumente, dann die Kontra-Argumente genannt werden oder umgekehrt.

Dabei solltest du stets diejenigen Argumente am Schluss nennen, die deiner eigenen Meinung am ehesten entsprechen. Bei diesem Gliederungsmuster musst du vor allem den Wendepunkt deiner Argumentation, an dem die Richtung von Pro nach Kontra oder umgekehrt wechselt, gut ausgestalten.

Wendepunkt deutlich machen

Häufig erkennt man den Wendepunkt an den oben genannten Konjunktionen und Adverbien, die einen Gegensatz herstellen (jedoch, trotzdem ...).

Ein Beispiel aus dem Themenbereich „Familie":

Die angeführten Argumente zeigen recht deutlich, dass die herkömmliche Familie überholt zu sein scheint, trotzdem gibt es gute Gründe, an der Familie festzuhalten.

oder

Die hohe Scheidungsrate hält, so sollte man meinen, viele Jugendliche davon ab, überhaupt eine Ehe eingehen und eine Familie gründen zu wollen.
Trotz dieser beunruhigenden Zahlen scheint es aber immer noch genügend junge Menschen zu geben, die den Schritt vor den Traualtar oder vor den Standesbeamten dennoch wagen wollen. Hierfür haben sie auch gute Gründe. Zum einen führen sie an, dass ...

1. Schreibe weitere Formulierungen, die erkennen lassen, dass in deiner Argumentation nun ein Wendepunkt kommt.

2. Es soll die Frage „Sind Mobilität und Familie unvereinbar?“ kontrovers erörtert werden. Du hast dich dafür entschieden, zuerst die Pro-Argumente zu nennen und dann über einen Wendepunkt zu den Kontra-Argumenten überzugehen.

a) Ordne die folgenden Pro-Argumente nach ihrer Wichtigkeit und verknüpfe sie durch Überleitungen.

- *lange Anfahrtszeiten zur Arbeitsstätte gehen zu Lasten der Familie*
- *Isolierung und Entfremdung vom Partner/von der Familie; Entwicklung „getrennter Welten“*
- *Mobilität = zeitlich spätere Partnerbindung oder Heirat; spätere Erfüllung von Kinderwünschen*
- *Frauen übernehmen in Abwesenheit des Mannes die Rolle einer allein erziehenden Mutter; fehlende Unterstützung des Partners im Alltag bei Arbeiten und Problemen*
- ...

b) Schreibe einen Wendepunkt, der deutlich macht, dass du gerade das wichtigste Pro-Argument genannt hast und nun auf die Kontra-Argumente eingehen möchtest.

Gliederungsmuster 2: Passung von Argument und Gegenargument

Pro und Kontra im Wechsel

Schwieriger ist die Verknüpfung beim zweiten Gliederungsmuster: Hier gilt es, jedem Pro-Argument ein passendes Kontra-Argument zuzuordnen.
Beim Ansehen von Talkshows hat man oft den Eindruck, dass die „Streitparteien“ einander gar nicht zuhören, gar nicht aufeinander eingehen. Ein solches Verhalten lässt beim Zuschauer das Gefühl entstehen, dass man weder der einen Seite noch der anderen Seite zustimmen möchte, da diese offensichtlich nicht in der Lage sind, auch Gegenmeinungen gelten zu lassen.

Sich in andere hineinversetzen

Dies musst du beim Aufbau deiner Argumentation vermeiden. Wichtig ist ja gerade, sich in die anderen hineinzuversetzen. Man muss sich Gedanken darüber machen, welche verschiedenen Standpunkte es zu dem Problem geben könnte, um eventuell vorher zu wissen, wie diese oder jener nun argumentieren könnte. So lassen sich viele Argumente des „Gegners“ hervorragend entkräften. Nur müssen dabei auch die Argumente inhaltlich und von der Wichtigkeit her zueinander passen.
Argument und Gegenargument sollten also, sofern dies möglich ist, wie auf einer Waage im Gleichgewicht gehalten werden:

Argument und Gegenargument

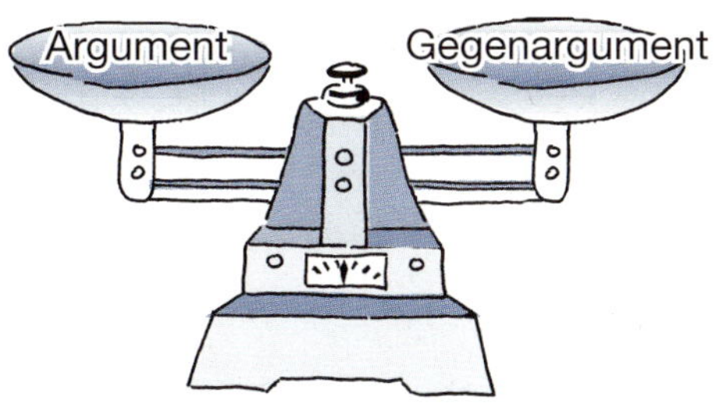

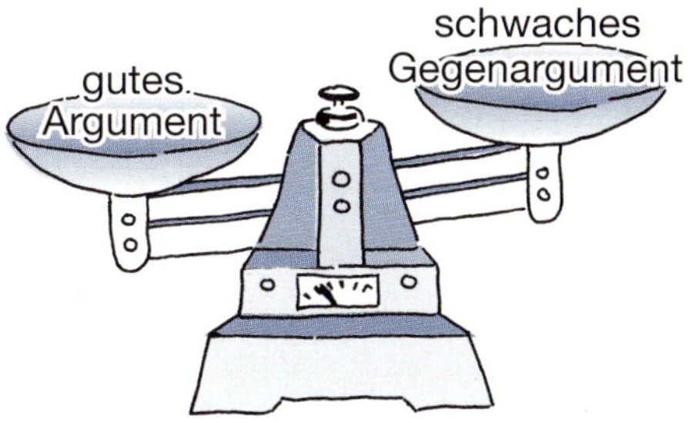

Um dies an einem Beispiel zu verdeutlichen, greifen wir wieder auf unseren Text „Familie bleibt Ort der Solidarität“ (Seite 22ff.) zurück.
Stellen wir uns vor, dass in einer Diskussion Partei A der Meinung sei, bei der Familie handle es sich um ein überholtes Modell, Partei B ist hingegen der Meinung, das „Modell Familie“ sei noch nicht gescheitert.

Partei A führt in der Diskussion folgendes Argument ins Feld:

Die hohe Scheidungsrate ist ein äußeres Anzeichen dafür, dass die Familie als gescheitert betrachtet werden muss. Die Leidtragenden eines Festhaltens an dem „Modell Familie" sind die Kinder, die beim Scheitern der Ehe zu Scheidungskindern werden. Da jede dritte Ehe in Deutschland geschieden wird, ist damit zu rechnen, dass es bald jede Menge Scheidungskinder und allein erziehende Eltern gibt.

Unpassend wäre hier nun, wenn Partei B mit dem folgenden Argument zu kontern versuchen würde:

Die Familie ist aber ein wichtiger Wertevermittler, denn Vater und Mutter können nur innerhalb einer Familie den Kindern Rückhalt, Sicherheit und Geborgenheit bieten. Kinder müssen daher in einer Familie aufwachsen; außereheliche Partnerschaften schaffen diese Geborgenheit nicht.

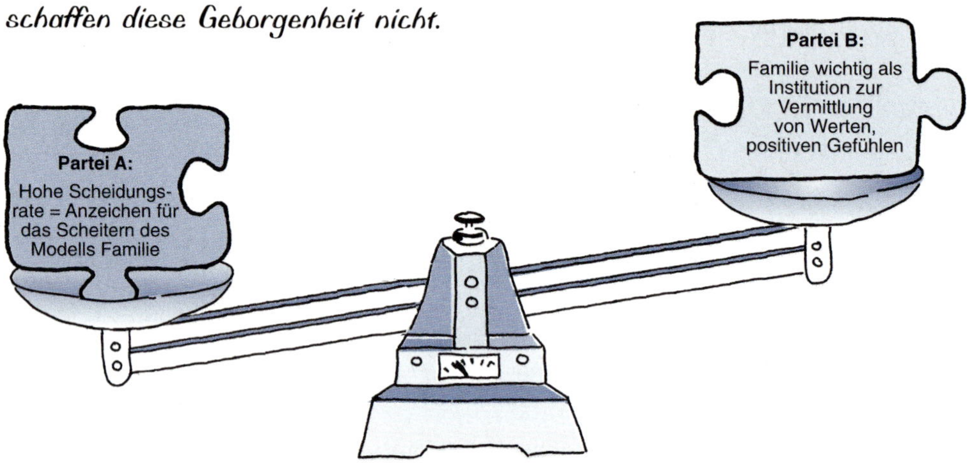

Hier passen sowohl der Inhalt (Puzzle-Teile) wie auch die Gewichtung der Argumente (Waage) nicht zueinander.

Besser wäre es, wenn Partei B das Argument von Partei A durch den Hinweis entkräften würde, dass eine Scheidung nicht zwangsläufig etwas mit der Familie (Modell von Vater, Mutter und Kindern) zu tun habe. Sie argumentieren:

Die höchste Scheidungsrate haben kinderlose Paare, wohingegen bei Ehepaaren mit Kindern die Scheidungszahlen mit der Zunahme der Kinderzahlen sinken.
Das Modell Familie funktioniert offensichtlich dann, wenn Kinder da sind.

3. Formuliere dieses Beispiel aus einer Diskussion in eine schriftliche Argumentation um.

4. Finde ein passendes Gegenargument zu der folgenden Aussage der Partei A:

Dass etwas mit dem Modell Familie nicht mehr stimmt, zeigt sich doch daran, dass immer mehr Menschen aus beruflichen Gründen auf Kinder verzichten.

5. Im Rahmen des Projekts zur Mobilität möchtest du eine Rede halten, die die negativen Folgen des zunehmenden Verkehrs herausstellt.
Zu eurer Präsentation kommt auch der Bürgermeister der Gemeinde. Suche aus der folgenden Stoffsammlung diejenigen Aspekte heraus, die am besten geeignet sind, um dem Bürgermeister und dem Gemeinderat deutlich zu machen, welche Schäden übertriebene Mobilität verursacht und wie die Gemeinde den Problemen begegnen kann.

- *Zwar wird dem Recht auf Leben und Unversehrtheit ein großer Stellenwert in unserer Gesellschaft eingeräumt, andererseits aber scheint ignoriert zu werden, dass alljährlich Tausende von Toten und Schwerstverletzten auf unseren Straßen zu beklagen sind.*
- *In den Städten sollten Fußgänger Vorrang vor dem Straßenverkehr haben; nicht der Fußgänger sollte sich so verhalten müssen, dass er den Verkehr nicht behindert, sondern der Verkehr sollte nur dort fließen dürfen, wo die Fußgänger nicht gestört werden.*
- *Autos werden fast überall im öffentlichen Straßenraum geparkt und besetzen oder zerstören gar wertvolle Flächen; diese Flächen werden somit auch einer anderen sinnvolleren Nutzung entzogen (Spielflächen, Grünflächen, Bänke, Fußwege).*
- *Nicht motorisierte Bewegungsformen (Rad fahren, zu Fuß gehen) und der öffentliche Personennahverkehr sollten, vor allem in der Freizeit, einen höheren Stellenwert erhalten als die motorisierten Fortbewegungsmöglichkeiten.*

Erforderliche Maßnahmen zur Vermeidung von Verkehr
(→ Verkehrsvermeidung, Verkehrsverlagerung, umweltschonende Verkehrsabwicklung):

- *„Stadt der kurzen Wege": Verbesserte Raum- bzw. Infrastrukturplanung (Bäcker um die Ecke; Spielplätze, Spaßbäder, Freizeitanlagen müssen in der Nähe der Menschen gebaut werden); alle Bedürfnisse müssen auch ohne Pkw sicher, schnell, komfortabel und auf kurzen Wegen, also möglichst effizient erledigt werden können.*
- *Verkehrsverlagerung (des Personenverkehrs wie auch des Güterverkehrs) auf umweltfreundliche Verkehrsmittel wie Fahrrad, die eigenen Füße, Bus, Bahn, Binnenschiff*
- *Verhaltensveränderung der Menschen: Mobilität nicht unbedingt als Zeichen für Dynamik und Erfolg bewerten; Wege auf ihre Notwendigkeit hin überdenken (Fahrt zum Zigarettenautomaten); Wege auf ihr Fortbewegungsmittel hin überdenken (Fahrt zum Schwimmbad mit dem Auto oder mit dem Fahrrad)*
- *Ausschöpfung aller technischen Möglichkeiten zur Verringerung der Umweltbelastung des motorisierten Verkehrs (Wasserstoffantrieb o.Ä.)*

6. Schreibe mit den so vorstrukturierten Argumenten einen Hauptteil, bei welchem den Argumenten, die gegen die zunehmende Mobilität sprechen, sofort Lösungsmöglichkeiten gegenübergestellt werden.

7. Führerschein mit 17?: Schreibe hierzu eine Argumentationsfolge, die du nach dem Gliederungsmuster „Pro und Kontra im Wechsel" anordnest. Achte dabei auf geeignete Überleitungen, auf die steigernde Anordnung der Argumente und darauf, dass dein Adressat stets weiß, auf „welcher Seite" du gerade argumentierst.

Argumentieren zu Texten

Fünf Schritte zur textgebunden Erörterung

In diesem Kapitel

- geht es im Unterschied zu den anderen Kapiteln um das Argumentieren auf der Grundlage eines einzigen Textes.
  Es handelt sich dabei zum Beispiel um einen kleinen Zeitungstext, eine Meinungsäußerung, die in überspitzter Form einen gesellschaftlichen Missstand anprangert, oder um einen Leserbrief – meist um Texte zu einem brisanten Thema, das zu einer Stellungnahme herausfordert.

Wenn du die Aufgabe hast, eine Texterörterung zu verfassen, solltest du zunächst die Thematik des Textes bestimmen und am besten in einem Wort benennen, damit klar wird, um was es geht.

Der Text kann Argumente ausdrücklich aufführen oder du musst sie zwischen den Zeilen herauslesen, also erschließen. Nachdem du die Argumente des Textes herausgearbeitet hast, müssen sie eventuell ergänzt werden, falls dir das Thema noch nicht ausreichend ausgeschöpft erscheint.

Handelt es sich um ein kontroverses Thema, entwirfst du zusätzlich Gegenargumente. Das Argumentieren kann also linear oder kontrovers angelegt sein (vgl. Insel 4, Seite 49ff.). Bei der kontroversen Erörterung solltest du in einer Synthese, einer Art überpersönlichen Stellungnahme, die Argumente gegeneinander abwägen und eine Lösung vorschlagen, aber immer auf den Text Bezug nehmen, auch wenn du ihn ablehnst.

Textbeispiel 1 : Ohnmächtige Eltern

Die Äußerung eines siebzehnjährigen Schülers kann als typisch gelten: „Ich bin alt genug, um zu wissen, was ich zu tun habe. Ich höre mir den Rat meiner Eltern an, aber ich befolge ihn nur insoweit, als es mir passt.“ Und ein anderer sagt, ebenso typisch: „Mit einem Kumpel möchte ich ein Zimmer mieten, am liebsten eine Mansarde, weil das poetischer ist. Das wäre die Verwirklichung meines größten Traums. Ich müsste nicht mehr stundenlang mit meiner Mutter verhandeln, um eine Stunde länger wegbleiben zu können. Niemand würde mehr zu mir sagen: „Weißt du, wie spät es ist?“ Oder: „Das ist das letzte Mal, dass du ausgehst!“

Die Eltern müssen es oft hinnehmen, dass die Jugendlichen sie behandeln wie die Angestellten in einem Hotel. Sie nörgeln am Essen herum, erwarten, dass ihr Zimmer gesäubert wird und die Flickenjeanshosen gewaschen sind und dass das Taschengeld pünktlich ausbezahlt wird. Ansonsten wollen sie in Ruhe gelassen werden und ihre Freiheit haben.
Was alleine zählt, sind die Gleichaltrigen, die „peer group“[1]. An ihr orientieren sie sich, von ihr beziehen sie ihre Maßstäbe, bei ihr suchen sie Zuflucht.

(Nach: Politik und Unterricht, hrsg. von der Landeszentrale für politische Bildung Baden-Württemberg, Heft 1/1981, „Familie und Schule“, S. 3.)

[1] peer group = Gruppe von Gleichgesinnten, Gleichaltrigen

1. Schritt Textauswertung

Der erste Schritt nach der Lektüre ist die Textauswertung nach folgendem Muster:

Thematik
Generationskonflikt, hier: das Verhältnis zwischen Jugendlichen und ihren Eltern im Prozess des Erwachsenwerdens

Problematik
Der Drang nach Freiheit, Unabhängigkeit und Selbstständigkeit führt zu Konflikten mit den Eltern.

Aussage
Orientierungshilfen für das eigene Leben werden von der peer group, nicht mehr von den Eltern bezogen.

Textsorte
Sachtext mit beispielhaften Äußerungen von Jugendlichen und ihren Eltern

Absicht
Reflexion über den Prozess des Erwachsenwerdens und die Rolle, die die Eltern dabei spielen

Stilmittel
Übertreibungen und Zuspitzungen, wörtliche Rede

2. Schritt Zusammenfassung

Als Zweites solltest du den Inhalt des Textes zusammenfassen, erst dann kannst du sicher sein, ihn verstanden zu haben:

Der Text stellt dar, wie sich Jugendliche kurz vor der Volljährigkeit im Elternhaus fühlen, wie sie sich gegenüber den Eltern verhalten und welche Rolle sie ihnen zuschreiben.
Der erste Textabschnitt besteht aus einem Klagelied eines Siebzehnjährigen über die Bevormundung durch die Eltern.
Im zweiten Teil des Textes wird dargestellt, dass die Eltern wie die Angestellten eines Dienstleistungsbetriebs angesehen und behandelt werden. Orientierungshilfen für das eigene Leben werden von der Clique, nicht mehr von den Eltern bezogen.

3. Schritt Schreibziel

Nach der Textauswertung und der Zusammenfassung solltest du drittens dein Schreibziel formulieren.

Vorschlag:

Ich möchte zeigen, dass einerseits ein bestimmtes Maß von Freiheit nötig ist, damit der Jugendliche selbstständig wird.
Auf der anderen Seite spielen die Eltern eine wichtige Rolle. Vorausgesetzt, sie bevormunden ihre jugendlichen Kinder nicht ständig, ist es durchaus möglich, dass sie mit Rat und Hilfe den notwendigen Loslösungsprozess vom Elternhaus begleiten.

4. Schritt Schreibplan

Der vierte Schritt ist das Entwerfen eines Schreibplans für die Erörterung. Ein Schreibplan enthält die Gliederung, den Aufbau deines Textes.
(Argumente müssen in diesem Fall selbst entwickelt werden, da im Text lediglich das Verhältnis zwischen Jugendlichen und ihren Eltern durch beispielhafte Äußerungen dargestellt wird.)

Vorschlag:

Einleitung

In der Einleitung solltest du Titel, Autor, Textsorte und Stilmittel des zugrunde liegenden Textes erwähnen sowie die Intention des Autors herausstellen. Fasse als Hinführung zum Hauptteil für den Leser kurz das Schreibziel zusammen.

Der Hauptteil enthält

Hauptteil

a) eine kurze Zusammenfassung des Ausgangstextes (s. o.),

b) eine Erörterung nach folgendem Plan:

These und Antithese

Argumente und Gegenargumente

Einerseits (These u. Argumente):	**Andererseits (Antithese und Gegenargumente):**
These: Um erwachsen zu werden soll sich der Jugendliche von elterlichen Einflüssen lösen.	*Antithese: Die Eltern müssen den Prozess des Erwachsenwerdens begleiten.*
Argument 1: Die peer group (Clique) gibt Anstöße und eröffnet neue Horizonte. … *Argument 2: Nur wer auf sich alleine gestellt ist, wird selbstständig und lernt Verantwortung zu tragen. …* *Argument 3: …*	*Gegenargument 1: Die Eltern geben Orientierung und vermitteln Geborgenheit. …* *Gegenargument 2: Bei wichtigen Entscheidungen sind die Eltern unentbehrlicher Ratgeber, z.B. wenn es um die Berufswahl geht; schließlich kennen sie die eigenen Kinder am besten. …* *Gegenargument 3: …*

Synthese (Abwägen von Argumenten und Gegenargumenten):

Synthese

Einerseits wird nur derjenige lernen, Verantwortung für sich zu übernehmen, der frei in seinen Entscheidungen ist. Er hat das Recht Fehler zu machen. Andererseits können die Eltern in schwierigen Lebenslagen den Loslösungsprozess unterstützen, indem sie …

1. Suche weitere Argumente und vervollständige die Synthese.

Schlussteil

Am Schluss solltest du unbedingt auf deine Einleitung zurückkommen und Bezug nehmen. So erhält deine Erörterung einen Rahmen. Nimm Stellung zu der Intention des Autors und erläutere, ob du sie unterstützt oder nicht, nachdem du im Hauptteil ausführlich zwei Seiten erörtert hast. Am besten ist es, wenn du auf die Überschrift „Ohnmächtige Eltern“ eingehst.

2. Schreibe den Schluss.

5. Schritt Ausgestaltung

Nun kannst du das Gerüst ausgestalten und deine textbezogene Argumentation vollenden. Gehe beim Formulieren der eigenen Argumente immer wieder auf den Ausgangstext bzw. auf wichtige Textstellen ein.

3. Verfasse die gesamte Argumentation zum Text „Ohnmächtige Eltern“. Benutze dazu folgende Gedanken als Bausteine für deine Argumentation und fahre fort:

Die Klage des Siebzehnjährigen lautet, dass Jugendliche zu Hause zu wenig Rechte haben und ständig bevormundet werden. Seiner Auffassung nach können sich Jugendliche nur ohne Eltern selbst verwirklichen, indem sie beispielsweise mit Freunden zusammenziehen. …

Nur durch die Loslösung von den Eltern ist es möglich, selbstständig zu sein, da sich der Jugendliche nun nicht mehr mit den Eltern auseinander setzen muss. Indem er Probleme ohne fremde Hilfe meistert, wird der Einzelne erwachsen und kommt spä-

ter im Leben zurecht. Wer ins Wasser geworfen wird, lernt schwimmen. Wichtig ist, dass der Jugendliche lernt, für sich selbst verantwortlich zu sein. Deshalb dürfen seine Eltern wichtige Entscheidungen nicht für ihn treffen. Selbstständig wird nur, wer frei und unabhängig von den Eltern handelt. ...
Auf der anderen Seite werden die Eltern beim Prozess des Erwachsenwerdens doch noch gebraucht. ...

Textbeispiel 2: Auszug aus einem Zeitungstext

Das Kind kam mit geistesabwesendem Blick nach Hause, es hatte die Knöpfe eines Walkmans in den Ohren, man konnte die monotonen Rhythmen der Musik noch leise mithören, während das Kind schweigend sein Mittagessen aß. Die Mutter konnte es auch deshalb nicht nach seinen Erlebnissen in der Schule fragen, weil der Familienfernseher auf voller Lautstärke lief. In seinem Zimmer schaute das Kind zur Erholung ein paar Videoclips an – nicht so etwas Langsames und Langweiliges wie Elefanten, sondern Bilder, die zu den Klängen von Rockmusik in Sekundenbruchteilen wechselten und ständig etwas Neues, Ungewöhnliches und Aufregendes zeigten. Dann legte das Kind eine Schallplatte mit Filmmusik auf und machte Hausaufgaben. Es hatte keine Lust, mit Freunden in der frischen Luft zu spielen, sondern beschäftigte sich noch eifrig und konzentriert mit einem Telespiel, bei dem es darauf ankommt, einen Feind zu besiegen und auszulöschen. Am Abend saß das Kind mit seinen Eltern im Wohnzimmer vor dem Fernseher, bis es einschlief und ins Bett gebracht wurde.

(Aus: Süddeutsche Zeitung vom 19.12.1987)

Text-auswertung

Thematik
Medienverhalten von Kindern und Jugendlichen

Problematik
Überfütterung durch elektronische Unterhaltungsmedien

Aussage
Überfütterung durch Medien führt zu Isolation, Kontaktarmut und zur Erlebnisunfähigkeit

Textsorte
Kurzgeschichte für die Zeitung

Absicht
Kritik und Reflexion über eigenes Medienverhalten

Stilmittel
Übertreibungen und Zuspitzungen

G 1

Notizen zu:
Was ist das für ein Text
Wo erschienen
Worum geht es / Thema, Problem
Welche Standpunkte,
Begründungen u. Bsp.
Formuliere dein Schreibziel!

4. Fasse den Inhalt des Textes zusammen.

5. Formuliere ein Schreibziel.

Im Textbeispiel werden die Auswirkungen des Medienkonsums Heranwachsender am Beispiel eines Kindes einseitig negativ dargestellt. Dies ist gewiss vom Autor so gewollt, um jugendliche Leser zum Nachdenken über ihr eigenes Medienverhalten anzuregen. Mir ist beim Lesen aber klar geworden, dass die im Text genannten Medien sich durchaus auch sinnvoll einsetzen lassen ...

Fahre fort.

Die folgenden Aufgaben 6 bis 8 erleichtern dir den Entwurf eines Schreibplans. Die Argumente des Textes sind nicht ausdrücklich genannt, sondern müssen „zwischen den Zeilen“ gelesen werden, also durch genaues Lesen des Textes erkannt werden.

Die Argumentation, die der Text indirekt führt, lautet: Die Überfütterung durch Medien führt zu

- Geistesabwesenheit (A)
- Unfähigkeit zum Gespräch (B)
- Erlebnisunfähigeit (C)
- Kontaktarmut und Isolation (D)
- zur Verwechslung der virtuellen mit der realen Welt (E)
- zu Aggressivität und Gewaltverherrlichung (F)

6. Erweitere die Argumentation durch eigene Beispiele.

7. Hier handelt es sich wieder um ein Thema, das kontrovers diskutiert wird. Suche Gegenargumente zu den Argumenten im Text. Führe zu jedem oben genannten Punkt (A–F) Argumente auf.

8. Formuliere eine Synthese.

9. Erstelle einen Schreibplan und verfasse eine Argumentation zu dem Ausgangstext.

10. Schreibe zu folgendem Text eine Argumentation, indem du nach den vorgestellten Arbeitsschritten vorgehst. Nimm zum Text auch Stellung.

Der Stolz unserer Tage gilt der Geschwindigkeit. Wir haben sie zum Idol gemacht, als wäre sie das Ziel und der Höhepunkt der Entwicklung der Menschheit. Die sportliche Hundertstelsekunde, der Hochgeschwindigkeitszug, das Überschallflugzeug sind die Insignien[1] dieser imposanten Raserei. Nie war jemand schneller von Ort zu Ort.

„Aber die Seele“, sagt der Indianer, „die Seele geht zu Fuß.“

„Manana“, sagen die Südländer und weisen darauf hin, dass morgen auch noch ein Tag ist. „Zeit“, sagen die Afrikaner, „ist das Einzige, was wir haben.“ „Die Eile“, sagen die Orientalen, „ist vom Teufel.“ „Nimm dir Zeit“, sagt man bei uns.

Trotzdem gilt, keine Zeit zu haben, vielen als Ausweis des Erfolges. Wer hat Recht?

(Aus: Sonntag Aktuell vom 18.04.1993, verfasst von Susanne Offenbach)

[1] Insignien = Sichtbare Zeichen von Macht (z.B. Krone)

Texte überarbeiten

In diesem Kapitel

- wird dir eine Checkliste vorgestellt, mit der du deinen Text auf verschiedenen Ebenen überarbeiten kannst,
- lernst du Verfahren des gemeinsamen Überarbeitens kennen,
- erfährst du etwas über ein wichtiges Handwerkszeug des Überarbeitens, die sprachlichen Proben.

Unterschiedliche Strategien

Beim Schreiben eines Textes geht jeder anders vor. Die eine plant ihren Text so genau, dass sie nach vielen Überlegungen eine fertige Fassung auf das Papier bringt. Sie verhält sich wie eine Architektin, die ein Haus vor dem Bau komplett entwirft. Der andere schreibt einfach drauflos, liest sein Geschriebenes mehrfach durch und verändert noch viel daran – wie ein Kunstmaler, der immer wieder neue Pinselstriche setzt, ein Stück zur Betrachtung weggeht und dann etwas übermalt.

Deshalb ist es nicht sinnvoll, allen das gleiche Vorgehen für das Überarbeiten ihrer Texte zu empfehlen. Du musst selbst herausfinden, welche und wie viele der Überarbeitungstechniken des folgenden Kapitels du für deinen Text benötigst. Es lohnt sich aber für alle – ob „Architekten" oder „Kunstmaler" – *mindestens einmal* ihren Text nach dem Schreiben aus der Distanz heraus zu untersuchen und – wo es nötig ist – Überarbeitungen vorzunehmen.

Adressatenbezug

Bei unseren argumentativen Texten ist es besonders wichtig, sich in die gedachten Leserinnen und Leser hineinzuversetzen und sich deren Erwartungen vorzustellen.

Vielleicht sieht dein Text nach der Überarbeitung aus wie die folgende Abbildung. Das macht nichts – auch Profis arbeiten so! Das Beispiel stammt aus dem Manuskript des Jugendbuchs „Fränze" von Peter Härtling, in das der Autor und der Verlagslektor hineinkorrigiert haben:

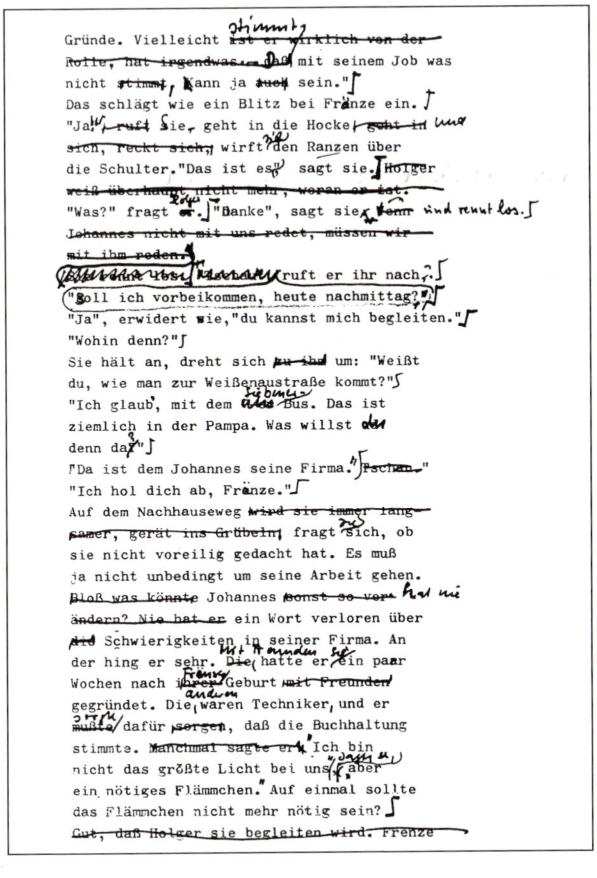

Gründe. Vielleicht ist er wirklich von der Rolle, hat irgendwas, daß mit seinem Job was nicht stimmt. Kann ja auch sein."
Das schlägt wie ein Blitz bei Fränze ein.
"Ja!", ruft sie, geht in die Hocke, geht in sich, reckt sich, wirft den Ranzen über die Schulter. "Das ist es", sagt sie. Holger weiß überhaupt nicht mehr, woran er ist.
"Was?" fragt er. "Danke", sagt sie, denn Johannes nicht mit uns redet, müssen wir mit ihm reden.
ruft er ihr nach.
"Soll ich vorbeikommen, heute nachmittag?"
"Ja", erwidert sie, "du kannst mich begleiten."
"Wohin denn?"
Sie hält an, dreht sich zu ihm um: "Weißt du, wie man zur Weißenaustraße kommt?"
"Ich glaub, mit dem Bus. Das ist ziemlich in der Pampa. Was willst denn da?"
"Da ist dem Johannes seine Firma."
"Ich hol dich ab, Fränze."
Auf dem Nachhauseweg wird sie immer langsamer, gerät ins Grübeln, fragt sich, ob sie nicht voreilig gedacht hat. Es muß ja nicht unbedingt um seine Arbeit gehen.
Bloß was könnte Johannes sonst so verändern? Nie hat er ein Wort verloren über die Schwierigkeiten in seiner Firma. An der hing er sehr. Die hatte er ein paar Wochen nach ihrer Geburt mit Freunden gegründet. Die waren Techniker, und er mußte dafür sorgen, daß die Buchhaltung stimmte. Manchmal sagte er: Ich bin nicht das größte Licht bei uns, aber ein nötiges Flämmchen." Auf einmal sollte das Flämmchen nicht mehr nötig sein?
Gut, daß Holger sie begleiten wird. Frenze

Eine Checkliste mit den wichtigsten Fragen

Schreibziel

1. Bei allen Entscheidungen sollte dich das gesetzte ***Schreibziel*** *leiten: Der Text soll so überarbeitet werden, dass das Schreibziel für deine Leserinnen und Leser angemessen umgesetzt wird.*

- *Wie lautete dein Schreibziel? Versuche es in einem Satz aufzuschreiben.*
- *Stelle dir dazu deine Leserinnen und Leser noch einmal genau vor:*
  - *Sind es Erwachsene oder Jugendliche?*
  - *Erwarten sie eher eine förmliche Sprache oder eher einen lockeren Ton?*
  - *Willst du sie eher informieren und einen Sachverhalt neutral darlegen oder sie von etwas überzeugen, vielleicht sogar zu etwas herausfordern?*
  - *Musst du dabei eine bestimmte Schreibhaltung und eine bestimmte Perspektive einnehmen, die es im Text durchzuhalten gilt?*

Angemessenheit

2. Was heißt ***Angemessenheit****? Dazu musst du über die Wirkung deines Textes nachdenken. Lies ihn nochmals am Stück durch oder lasse ihn dir vorlesen. Versuche dabei, dich in deine gedachten Leserinnen und Leser hineinzuversetzen. Wie ist dein* ***Gesamteindruck****?*

- *Was gefällt dir besonders gut an dem Text?*
- *Was siehst du eher kritisch?*
- *Welche Wirkung erzeugt der Text deiner Vermutung nach bei den Leserinnen und Lesern, für die er geschrieben wurde? Ist er leserfreundlich?*
- *Je nach Schreibziel gelten hier natürlich andere Schwerpunkte:*

Ist der Text zum Beispiel:	*Oder ist er zum Beispiel:*
– überzeugend im Hinblick auf das Schreibziel	*– argumentativ noch zu schwach oder den Leser evtl. verletzend*
– informativ, sachkundig	*– noch zu wenig informativ, zu oberflächlich*
– sachbezogen	*– zu unsachlich*
– gut verständlich	*– für Leser zu wenig verständlich*
– interessant oder unterhaltsam	*– eher langweilig zu lesen*
– …	*– …*

Aufbau

3. Dein Gesamteindruck lässt sich sicher an einzelnen Teilen des Textes belegen. Dazu ist es sinnvoll, über folgende Fragen zum ***Aufbau*** *nachzudenken:*

- *Ist es klar, um was es geht? Gibt es einen „roten Faden“, einen Zusammenhang?*
- *Sind alle wichtigen inhaltlichen Schwerpunkte berücksichtigt oder fehlt etwas?*
- *Sind Teile des Textes überflüssig oder doppelt vorhanden?*
- *Sind die Textteile gut untereinander gewichtet?*
- *Sind z.B. einzelne Argumente zu knapp oder zu ausführlich dargestellt? Sind die jeweiligen Begründungen, Belege und Schlussfolgerungen für Leser nachvollziehbar?*
- *Ist die Reihenfolge sinnvoll?*

- *Sind die Textteile gut miteinander verbunden? Gibt es verständliche Überleitungen?*
- *Sind besondere Merkmale der Textsorte (z.B. Erörterung, Leserbrief, Rede, Zeitungskommentar) berücksichtigt worden?*
- *Wird ein einheitlicher Stil durchgehalten (z.B. sachliche Reportage, reißerische Werbesprache)?*

Formulierungen

*4. Im nächsten Schritt schaust du dir nochmals deine einzelnen **Formulierungen** an. Dazu gehst du am besten Satz für Satz durch. Stelle dir erneut deine Leser vor und frage dich bei jedem Satz:*

- *Ist der Satz verständlich, zu umständlich, zu verschachtelt, zu lang, zu kurz, zu einfach?*
- *Passt der Sprachstil zu der Leserzielgruppe (z.B. zu salopp, zu gestelzt, zu kompliziert, zu plump, zu umgangssprachlich formuliert ...)?*
- *Sind treffende und angemessene Wörter gewählt (z.B. Fachausdrücke, Umgangssprache ...)?*
- *Ist die Sprache abwechslungsreich oder eintönig (z.B. Variationen der Satzmuster, der Wortwahl)?*
- *Ist die Sprache flüssig oder sind an manchen Stellen Brüche erkennbar?*

Sprachliche Richtigkeit

*5. Nun ist ein letzter Blick auf die **sprachliche Richtigkeit** erforderlich:*

- *Sind Grammatikfehler im Text?*
- *Stimmt die Zeichensetzung (Interpunktion)?*
- *Stimmt die Rechtschreibung?*

Darstellung

*6. Abschließend bleibt noch die **Darstellung** zu überprüfen:*

- *Ist Handschrift oder Computerausdruck die angemessene Form?*
- *Ist die Platzeinteilung, die Schrift leserfreundlich?*
- *Sollten Formatierungs- und Gestaltungselemente, z.B. verschiedene Schriftarten, Bilder oder Grafiken eingesetzt werden?*
- *Wurden die Quellen bei Zitaten korrekt angegeben?*

Präge dir die 6 Punkte deiner Kurz-Checkliste ein:

Kurz-Checkliste

1. ***Schreibziel?***
2. ***Angemessenheit (Gesamteindruck)?***
3. ***Aufbau?***
4. ***Formulierungen und Stil?***
5. ***Sprachliche Richtigkeit?***
6. ***Darstellung?***

1. Wende die 6 Punkte der Checkliste an deinem eigenen Textentwurf an. Auf welcher Ebene entdeckst du die meisten Probleme? Markiere dir die Stellen in deinem Manuskript.

Teamarbeit: Verfahren des gemeinsamen Überarbeitens

Das Überarbeiten deines Textes muss nicht im stillen Kämmerlein stattfinden. Gerade weil die Leserperspektive besonders wichtig ist, können dir deine Mitschülerinnen und Mitschüler gut dabei helfen, besonders gelungene und überarbeitungsbedürftige Stellen in deinem Text zu erkennen. Dafür gibt es verschiedene Verfahren:

Schreibkonferenz

So kann man z. B. eine Schreibkonferenz wie folgt durchführen:

a) Setzt euch in Gruppen mit maximal vier Personen zusammen, die sich gegenseitig ihre Texte vorstellen sollen.

b) Bei jedem Durchgang ist einer aus eurer Gruppe Autor, die anderen sind Berater. Der Autor legt einen Stift bereit, mit dem er in seinen Text Markierungen oder Notizen eintragen kann. Dazu kann es hilfreich sein, im Konzept einen breiten Rand oder Leerzeilen einzuplanen.

c) Der Autor erläutert kurz sein Schreibziel und den gedachten Adressaten seines Textes, in den sich die anderen hineinversetzen sollen. Dann liest er seinen Text ganz vor. Die anderen hören genau zu und äußern sich danach über ihren Gesamteindruck. Anschließend legen sie die Checkliste bereit.

d) Dann liest der Autor nochmals Satz für Satz vor. Wenn einem Berater etwas auffällt, stoppt er den Autor und gibt ihm einen Tipp, den sich der Autor notieren kann. Dabei benutzen die Berater auch die Checkliste.

e) Anschließend tauscht ihr die Rollen so oft, bis jeder einmal an der Reihe war.

Beachtet dabei, dass es nicht einfach ist, sich der Kritik der anderen auszusetzen. Gebt zuerst positive Rückmeldungen! Ihr könnt auch Beschränkungen vereinbaren, z.B. dass jeder Berater jeweils nur eine positive und eine kritische Bemerkung machen soll oder insgesamt nur drei Fragen an den Autor stellen darf.

2. Führe mit anderen eine Schreibkonferenz durch. Vergleiche deren Überarbeitungsvorschläge mit den Problemen, die du selbst zu den 6 Punkten der Checkliste gefunden hast. Wo gibt es Übereinstimmungen, welche Punkte wurden von deinen Leserinnen und Lesern zusätzlich angesprochen?

3. Überarbeite nun dein Manuskript anhand deiner eigenen Problemdiagnose (Aufgabe 1) und der Vorschläge aus der Schreibkonferenz (Aufgabe 2), die du übernehmen möchtest.

Rückfrage-Karte

Wenn ihr in der Schreibkonferenz oder in der Einzelarbeit unsicher seid, welche Lösung sich für ein Formulierungsproblem anbietet, könnt ihr Rückfrage-Karten einsetzen. Diese Karten werden entweder von der Lehrerin/dem Lehrer oder von Spezialisten in eurer Klasse eingesammelt und beantwortet. Notiert darauf eure wichtigsten Fragen nach folgendem Muster:

Rückfrage zu einem Formulierungsproblem: Name/Gruppe: ________________ Datum: ________ Thema des Textes: ________________________________	
Textstelle (Satz)	Frage
Evtl. eigener Lösungsvorschlag:	
Bearbeitungshinweis des Helfers:	

4. Suche aus deinem Textentwurf eine Stelle heraus, für deren Überarbeitung du Hilfe in Anspruch nehmen möchtest. Fülle eine Rückfrage-Karte aus.

Kommentar

Ein ähnliches Verfahren ist das schriftliche Kommentieren.
Immer zwei Schüler/innen tauschen ihre Texte gegenseitig aus und schreiben anhand der Checkliste Kommentare an den Rand oder unter den Text. Hier könnt ihr z.B. folgende Reihenfolge vereinbaren:

a) Das hat mir gut gefallen.

b) Hier habe ich noch Fragen.

c) Hier würde ich etwas ändern (mit Vorschlägen zum Umstellen, Streichen, Erweitern).

Man kann den Kommentar auch als zusammenhängenden Text wie einen Zeitungskommentar verfassen. Eine andere Möglichkeit ist es, dem Autor einen Leserbrief zu schreiben.

5. Führe das Verfahren mit deiner Nebensitzerin/deinem Nebensitzer durch.

„Papier-Chat"

Eine Erweiterung des gegenseitigen Kommentierens ist das „Chatten" auf dem Papier, für das der Entwurf des Textes auf ein größeres Blatt Papier geklebt wird, z.B. im Zeichenblockformat. Bei einem Chat im Internet unterhalten sich die Leute anhand kurzer schriftlicher Äußerungen. Ein Redaktionsteam kann zum Beispiel so einen Textentwurf vor der Veröffentlichung diskutieren. Beim „Chatten" auf dem Papier wandert das Blatt durch die Klasse oder wird an der Wand aufgehängt; jeder kann darauf kurze Anmerkungen notieren, z.B. anhand der Checkliste zu einer bestimmten Textstelle. Der nachfolgende Chat-Teilnehmer kann dann sowohl eigene Anmerkungen als auch Kommentare zu den Notizen der Vorgänger niederschreiben. Das entstehende Blatt mit vielen Pfeilen, Farben und Hinweisen sieht dann zwar chaotisch aus, wenn ihr aber sinnvolle Anmerkungen macht, kann es am Schluss dem Autor bei seiner Überarbeitung hilfreiche Tipps geben.
Natürlich kann das auch am Computer stattfinden, wenn ihr eure Entwürfe zum Beispiel im Computerraum schreibt und dann einfach immer wieder die Plätze tauscht.

6. Probiert in der Klasse einen „Papier-Chat" aus.

Ein Werkzeug: Sprachproben

Du möchtest nun deine Erörterung abschließend überarbeiten. Am einfachsten ist das am Computer, weil nicht wieder eine neue Fassung geschrieben werden muss. Du kannst nun die Tipps deines Helfer-Teams einarbeiten. Aber wie? Dazu musst du verschiedene Formulierungsalternativen abwägen. Die folgenden Proben sollen dir dabei helfen:

1. Den Text klingen lassen!

Klangprobe

- Stelle dir nochmals die gedachten Leserinnen und Leser genau vor. Versetze dich in ihre Rolle. Du bist nun die Elternvertreterin, der Zeitungsleser, die Landtagsabgeordnete, der Klassensprecher ... – eben die Person, an die sich dein Text richtet.
- Lies den Text laut vor oder – noch besser – lasse ihn dir vorlesen. Wie hört er sich an? Welche Formulierungen passen hervorragend, welche weniger gut zu deiner Zielgruppe?
- Die Klangprobe kannst du immer wieder nach einer Veränderung am Text anwenden.

2. Puzzeln erwünscht!

Umstellprobe

- Probiere immer wieder neue Varianten aus, indem du Wörter, Satzglieder oder ganze Abschnitte (z.B. die Reihenfolge deiner Argumente) umstellst oder umformst – im Kopf, am Bildschirm oder mit der Schere.
- Wende die Klangprobe an der neuen Version an.

3. Tausche Unpassendes aus!

Ersatzprobe

- Neue Formulierungsvarianten ergeben sich auch, wenn du Wörter oder Satzglieder durch andere Wörter oder Umschreibungen ersetzt.
- Verwende dabei ein Synonymwörterbuch oder den „Thesaurus" des Computers (eine Wörtersammlung). Markiere dafür das zu ersetzende Wort. Klickst du z.B. im Menü des Textverarbeitungsprogramms „Word" auf Extras – Sprache – Thesaurus, schlägt dir der Computer eine Liste zur Auswahl vor. Beispiel: Du suchst einen Ersatz für *Begründung*. Der Computer schlägt vor: *Nachweis, Argument, Auskunft, Beweis, Erklärung, Beweisführung, Erweis, Rechenschaft, Schluss*.

4. Zu wenig gesagt oder zu ausschweifend ausgedrückt?

Erweiterungs- und Weglassprobe

- Durch eine Erweiterungsprobe kannst du etwas ausführlicher und genauer darstellen.
- Umgekehrt kannst du über eine Weglassprobe auch Überflüssiges wegstreichen.
- Kombiniere die beiden Proben mit der Klangprobe.

5. Fehler identifizieren, nachschlagen und korrigieren!

Fehlerkorrektur

Fehler können sich auf der Ebene der Grammatik oder der Rechtschreibung ergeben. Grundsätzlich solltest du ein Wörterbuch oder ein Rechtschreibprogramm im Computer zu Hilfe nehmen. Darüber hinaus kann dir dein Schreibkonferenz-Team bei der Entdeckung helfen (Korrekturlesen). Die Helfer könnten sich beim

Lesen auf folgende Punkte konzentrieren und dir die entsprechende Nummer an den Rand schreiben:

> Grammatik- und Rechtschreibfehler entdecken:
>
> 1) Wortfehler
> (z.B. Einzahl/Mehrzahl, Deklination (z.B. Dativ-, Akkusativendungen), Verbform, insbesondere Zeitform usw.)
>
> 2) Satzfehler:
> (z.B. Stellung der Satzglieder, Satzverbindung, Nebensatz)
>
> 3) Zeichensetzung
> (z.B. fehlendes Komma, Anführungszeichen)
>
> 4) Rechtschreibung
> (z.B. Groß- und Kleinschreibung, Getrennt- und Zusammenschreibung, das – dass, Fremdwörter ...)

Beispiele für die Anwendung der Proben:

Leon möchte gerne nachdrücklich für die Familie argumentieren und schreibt den Satz:

Die Familie gibt den Jugendlichen Halt.

Er überlegt, ob eine andere Version seines Satzes die Aussage stärker betonen kann, z.B.:

Es ist die Familie, die Jugendlichen Halt gibt. (Umstellprobe)

Doch auch damit ist er noch nicht zufrieden: Er erweitert den Satz:

Es ist die Familie, die Jugendlichen Halt, Sicherheit und Geborgenheit gibt. (Erweiterungsprobe)

Nach der nächsten Klangprobe stellt er fest, dass Halt und Sicherheit sehr Ähnliches aussagen und beschließt, nur einen der beiden Ausdrücke zu verwenden:

Es ist die Familie, die Jugendlichen Sicherheit und Geborgenheit gibt. (Weglassprobe)

Diesen Satz übernimmt Leon schließlich in seine Endfassung.

Elena will dafür eintreten, Jugendlichen schon mit 17 Jahren das Autofahren zu ermöglichen. Ihr Satz lautet:

In Amerika fahren schließlich auch Jugendliche Auto und es gibt dort keine Probleme.

Dann findet sie ihre Formulierung eher schwach – woran liegt das? Ihre Behauptung enthält keine Belege (sie hat aber auch keine parat), also muss sie sie vorsichtiger formulieren:

Die Tatsache, dass in Amerika der Führerschein schon mit 16 Jahren gemacht werden kann, zeigt, dass dies nicht zu Problemen führen muss.
(Erweiterungs- und Umstellprobe)

Jetzt fallen ihr einzelne Wörter auf: *Amerika* ist zu ungenau, sie ersetzt es durch *USA*; *machen* ist ihr zu umgangssprachlich, sie wählt stattdessen *erwerben*.
(Ersatzprobe)

Der Satz lautet jetzt:

Die Tatsache, dass in den USA der Führerschein mit 16 Jahren erworben werden kann, zeigt, dass dies nicht zu Problemen führen muss.

Nun überlegt Elena, dass ihre Behauptung immer noch zu gewagt erscheint, weil sie ja keine Belege anführen kann. Deshalb schwächt sie nochmals ab und macht zwei Sätze daraus:

In den USA kann der Führerschein schon mit 16 Jahren erworben werden. Mir sind keine Berichte darüber bekannt, dass diese Tatsache zu größeren Problemen führen würde. (Alle Proben)

Bei der abschließenden Klangprobe stellt ihr Team fest, dass man hier einen leicht ironischen Unterton heraushören könnte – aber das entspricht durchaus Elenas Vorstellung von ihrem Text und sie bleibt bei ihrer Formulierung.

8. Wende nun die Proben an deinen eigenen Formulierungen an.

Präsentieren

In diesem Kapitel
- kannst du dich auf eine mündliche Präsentation vorbereiten,
- erhältst du Tipps für den Aufbau und das Halten einer argumentativen Rede.

Vortragen ist mehr als Vorlesen

Redeziel

Häufig bereitest du durch deine schriftliche Argumentation eine Situation vor, in der du mündlich präsentieren musst, z.B. ein Referat oder eine Rede. Die Situation für deine Adressaten ist somit anders als beim Lesen eines geschriebenen Textes – sie sind unmittelbar anwesend:

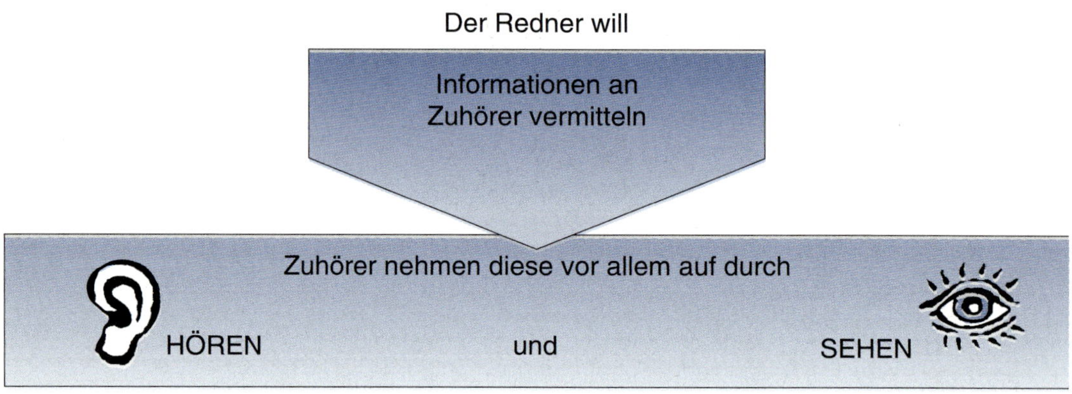

Vortragen, persönliches Auftreten

Es kommt bei einer mündlichen Präsentation also besonders auf die Fähigkeiten und das persönliche Auftreten der Sprecherin/des Sprechers an, kurz: auf das Vortragen.
Es ist erstaunlich: Vielen Zuhörern bleiben Körpersprache, Körperhaltung, Gestik, Mimik, Gesichtsausdruck, Blickkontakte und Bewegungen am meisten im Gedächtnis, dann folgen Erinnerungen an den Tonfall der Stimme, Sprechtechnik und Sprechstil. Erst danach spielen Inhalt und Darstellung eine Rolle.

> *„Wenn du eine Rede hältst, muss sie besser sein, als dein Schweigen gewesen wäre."* (Kurt Tucholsky)

Sicherlich sind dir Redesituationen in Erinnerung, Situationen, in denen du selbst vor einer Zuhörerschaft reden musstest, Situationen, in denen du zur Zuhörerschaft gehört hast.

1. Erstelle eine Tabelle, die wie folgt aussehen soll:

Bei einem Vortrag, bei einer Rede

gefällt mir	stört mich

2. Vergleiche deine Ergebnisse mit anderen; redet darüber. Sicherlich ist es auch möglich über Redetechniken von Lehrern ein Gespräch zu führen. Bedenkt dabei aber: Es ist einfach zu kritisieren, besser ist es jedoch konstruktive Verbesserungsvorschläge zu machen. Denn nach euren erarbeiteten Maßgaben werdet ihr euch beim Redetraining selbst beurteilen können.

Eine Rede vorbereiten

Damit du dich auf das Vortragen konzentrieren kannst, musst du dein Redemanuskript sehr gut vorbereiten. Wenn du den Inhalt im Griff hast, gelingt es dir besser, dein persönliches Auftreten gezielt einzusetzen.

Gliederung einer Rede

Zu Beginn solltest du einen Überblick über die Gliederung der Rede einplanen: Erkläre, warum du zu diesem Thema sprechen willst und lege deine Ziele dar. Möglich ist auch ein kurzer Überblick über die Vorgeschichte des Themas: Wer hat sich bereits damit befasst und warum?

Für die inhaltliche Gliederung deiner Rede gilt Ähnliches, wie du es auf den Inseln 4 und 5 schon für die schriftliche Argumentation erfahren hast:

Der Einstieg

Einstieg

- Er dient zur Ansprache des Publikums: Kontakt aufnehmen, Bezug zu den Hörern, dem Ort, der Situation schaffen, Zuhörerkomplimente, ein paar freundliche Worte sagen.
- Er soll die Zuhörer motivieren, Neugierde wecken und zum Thema hinführen. Das kann man durch ungewöhnliche Dinge tun, z. B.:
  - einen Kurzausschnitt aus einem Video, ein Dia, eine Karikatur auf Folie zeigen
  - ein Kurzinterview zum Thema einblenden
  - aus der Sicht der Gegenposition beginnen
  - Fragen an das Publikum stellen
  - auf aktuelle Ereignisse, auf parallele Fälle verweisen
  - Vergleiche ziehen
  - rhetorische Fragen stellen
  - ein persönliches Erlebnis schildern
  - ein Zitat, ein Sprichwort, eine Anekdote erzählen

Der Hauptteil

Hauptteil

Jetzt sind die Zuhörer gespannt. Darum muss an dieser Stelle ein besonders guter erster Satz kommen, der erneut die Aufmerksamkeit weckt. Der Hauptteil darf mehrere Abschnitte haben. Es muss aber immer ein roter Faden erkennbar sein.
Gut ist es, wenn bei einer Meinungsrede, die ja die Zuhörer beeinflussen soll, das treffendste Argument am Schluss steht. Nicht zu vergessen sind die Argumente der Gegenseite, die mit einbezogen werden müssen und nicht lächerlich gemacht werden sollten. Bei einer Rede, in der es eher darum geht, Wissen zu vermitteln, muss unbedingt darauf geachtet werden, dass sie gut strukturiert ist und nicht zu viele Fremdwörter enthält. Packe also nicht zu viele Informationen hinein, sondern beschränke dich auf das Wichtigste: Die Zuhörer können wenige gut dargestellte Informationen besser aufnehmen.

Der Schluss

Schluss

- fasst die wichtigsten Punkte und Ergebnisse der Rede kurz und prägnant zusammen,
- nimmt nochmals Bezug auf den Einstiegsgedanken und die Bedeutung des Themas,
- kann mit einer Anregung zum Nachdenken enden, z.B. über einen Wunsch, Ausblick, Appell,
- kann auch in Form einer Frage, eines Zitats, einer Pointe gestaltet sein.

Wichtig ist auch die Verabschiedung, in der die Zuhörer direkt angesprochen werden, indem sich z.B. die Rednerin, der Redner für die Aufmerksamkeit bedankt.

Vortragsmethoden

Wenn du dich von deinem Manuskript lösen kannst und frei vorträgst, kann dein Vortrag überzeugender wirken. Dabei helfen dir die folgenden Methoden:

Freies Ablesen

Schreibe den Text auf DIN-A-4 oder -5 mit Abstand zwischen den Zeilen, am besten mit dem Computer (14–Punkt-Schrift). Gliedere den Text deutlich in Abschnitte, arbeite mit Gliederungssymbolen, Einrückungen etc. Schlüsselwörter werden fett geschrieben und farblich hervorgehoben.

Die Halb-Halb-Methode

Auf dem DIN-A-4 oder -5 Blatt wird zur Sicherheit auf der oberen Hälfte alles ausformuliert, in der unteren Hälfte stehen allerdings nur Stichwörter.

Kärtchenmethode

DIN-A-7-Kärtchen werden wie beim freien Ablesen beschriftet oder nur mit Stichwörtern versehen. Die Rückseite wird nicht beschriftet. Auch hier ist eine gute Gliederung wichtig.

Stichwort-Gliederung

Sie besteht aus einem einzigen Blatt mit Hauptthesen und Stichwörtern.

Der Medienvortrag

Dein Vortrag basiert auf Folien, die du vorbereitet hast, auch eine Powerpoint-Präsentation ist möglich.

Die freie Rede

Das ist der Idealfall, setzt aber sicheres Sachwissen, eine klare Gliederung und Sprecherfahrung voraus. Viele Menschen, die frei reden, haben trotzdem Kärtchen in der Tasche oder auf dem Rednerpult liegen.

Spickzettel

Ein Spickzettel arbeitet mit einer großzügigen, übersichtlichen Anordnung. Die einzelnen Stichpunkte sind durch Pfeile miteinander verbunden und geben so einen inhaltlichen Verlauf der Rede vor. Der Redner oder die Rednerin arbeitet sich durch das Thema anhand der Pfeile. Natürlich müssen die Zwischenräume durch improvisierte Zusätze ausgefüllt werden. Diese Zwischenräume sollten allerdings nicht eine bloße Aneinanderreihung der Gedanken bewirken, das wäre viel zu langweilig.

Hier siehst du einen Spickzettel für eine Rede zu dem Thema: „Die Familie – ein überholtes Modell?“ Die Rednerin, der Redner hat sich folgende Notizen gemacht:

Familie überholt, Scheidungsrate

Zunahme der Singlehaushalte

Kind kein Grund zur Heirat

Abnahme des Zusammengehörigkeitsgefühls

Frauen und Karriere

Familie als finanzielles Problem

Mobilität und Arbeitsplatz

...

...

...

Zusammenfassung

3. Fülle die Leerstellen des Spickzettels mit eigenen Argumenten.

4. Schreibe einen Spickzettel mit Argumenten, die für die Familie sprechen.

5. Halte diese Kurzrede mithilfe der Spickzettel.

6. Formuliere den Einstieg in das Thema aus. Verwende dabei zum Beispiel die folgenden Einleitungsgedanken:
- Ein persönliches Erlebnis beim Einkauf im Supermarkt. Wo sind die Mütter mit den Kindern geblieben?
- Ein nettes Erlebnis mit einem quengelnden Kind an der Kasse des Supermarktes.

7. Stelle in deiner Einleitung die Gliederung für ein Referat nach folgendem Muster vor:
- Mein Thema lautet: ...
- Zunächst werde ich ...
- Anschließend ...
- Zum Schluss ...

Hier findest du einen Teil des Entwurfs für das Referat, einen ausformulierten Text zu Nachteilen einer Familie. Allerdings fehlen diesem Text noch die Überleitungen.

Entwurf eines Referats

Die Familie – ein überholtes Modell?

Die Familie ist ein überholtes Modell, weil immer mehr Ehen in Deutschland geschieden werden.
So zeigt die Statistik des Bundesfamilienministeriums, dass jede zweite Ehe in Deutschland geschieden wird. Damit ist die Zahl der Alleinerziehenden, zumeist sind es Mütter, sprunghaft angestiegen. Offensichtlich funktioniert das Modell Familie nicht mehr. Deshalb sollte darüber nachgedacht werden, ob nicht auch außereheliche Lebensgemeinschaften den Ehen gleichgestellt werden sollten, die sowieso schon als Formen von Lebensgemeinschaften zugelassen sind.

Eine weitere Tatsache belegt, dass das Modell Familie ausgedient hat: Während auf der einen Seite jede zweite Ehe geschieden wird, nimmt zeitgleich die Anzahl der Singlehaushalte zu. Das mag zum einen eine Folge der Scheidungen sein, zum anderen jedoch entschließen sich mehr Menschen denn je, überhaupt keine Familie mehr zu gründen und lieber allein zu leben. Auch dies belegen Zahlen des statistischen Landesamtes.

Wegen eines Kindes muss man nicht mehr heiraten. Während es früher für eine Frau eine Schande war, ein Kind zu bekommen ohne verheiratet zu sein, wird dies in unserer modernen Gesellschaft geduldet. Auf Grund der vorhandenen Verhütungsmöglichkeiten können Frauen frei und selbst bestimmen, wann und von wem sie ein Kind bekommen und ob sie aus diesem Grund überhaupt heiraten wollen, denn schließlich kann man ein Kind auch ohne Vater erziehen. Es ist anzunehmen, dass sich in diesem Bereich in Zukunft noch viel verändern wird, denkt man nur an die Diskussion um die Gentechnologie, die es ermöglichen wird, Spendersamen einzukaufen. Vielleicht brauchen Frauen eines Tages nur noch den Gang zur Samenbank, wenn sie sich für ein Kind entschließen.

Das Zusammengehörigkeitsgefühl verschwindet. Es haben sich nicht nur die Beziehungen zwischen Ehepartnern gewandelt, sondern auch die zwischen Eltern und Kindern, zwischen Großeltern und der Familie und nicht zuletzt sind auch die sonstigen sozialen Beziehungen nicht mehr von Dauer. Es dominieren eher lockere Beziehungen zwischen vielen Menschen und ein Kumpel bedeutet einem mehr als der eigene Bruder. Das liegt an unseren veränderten Arbeitssituationen in der Dienstleistungsgesellschaft, die einen häufigeren Ortswechsel nach sich ziehen und eine Einbindung in soziale Geflechte wie Vereine erschweren. Nicht zuletzt wirbt aus diesem Grund der Staat schon bei Jugendlichen darum, ein Ehrenamt zu übernehmen. Die Menschen, die zu solchen Tätigkeiten bereit sind, werden also immer weniger. Auch die Bereitschaft und die Möglichkeit Angehörige zu Hause zu pflegen nimmt ab, was an der Überbelegung von Alten- und Pflegeheimen deutlich zu sehen ist.

Das gewandelte Selbstbild der Frauen sorgt dafür, dass immer mehr Frauen Karriere machen wollen. Da aber Männer selten bereit sind, ihren Job für Frau und Kinder aufzugeben, werden es sich selbstbewusste, gebildete Frauen gut überlegen, ob sie sich überhaupt zu einer Familiengründung entschließen. Diese Entwicklung wird von der Politik unterstützt, indem sie in allen Bereichen einen höheren Frauenanteil fordert. Natürlich gibt es auch den Erziehungsurlaub für Väter. Solange aber Männer mehr verdienen als Frauen, wird sich in diesem Bereich nichts ändern.

Familie und Kinder sind heutzutage eine Preisfrage. Eine Million Kinder in Deutschland leben von der Sozialhilfe. Diese Zahl spricht für sich. Davon abgesehen leben wir in einer Gesellschaft, die den größten Wert auf Luxus, Status, aufs Materielle legt. Junge Eltern fliegen selten übers Wochenende nach Venedig oder buchen einen Kurzurlaub, dafür reicht in aller Regel das Geld nicht, das für notwendigere Dinge gebraucht wird. Trotz wachsenden Wohlstands lebt in der BRD jeder elfte Bundesbürger unter der Armutsgrenze. Dazu kommt, dass die Chance auf einen guten Arbeitsplatz nicht mehr so gesichert ist wie früher. Eine durchschnittliche Familie mit zwei Kindern kann es sich normalerweise gar nicht mehr erlauben, dass die Mutter zu Hause bleibt. Wenn also beide Elternteile arbeiten müssen, damit die Familie finanziell über die Runden kommt, ist wirklich zu überlegen, ob man überhaupt eine Familie gründen soll.

8. Schreibe Überleitungen, die die einzelnen Textteile besser verbinden.

9. Bereite den Text anhand der Kärtchenmethode für den Vortrag vor (vgl. S. 86).

10. Trage diesen nun entstandenen Teil des Referates vor.

Schließlich gibt es aber auch Vorteile einer Familiengründung. Diese möchtest du im zweiten Teil deines Referates darstellen. Dafür hast du schon die folgenden Kärtchen vorliegen, die du nun ausformulieren möchtest:

Auch wenn Vater und Mutter arbeiten, gibt es ein schönes Familienleben:
- Feiern von Festtagen, Geburtstagen, Weihnachten, Ostern
- Planen und Gestalten von gemeinsamen Ferien
- Ausüben von gemeinsamen Hobbys
- gemeinsame Mahlzeiten

Innerhalb der Familie lernt man für das Leben:
- soziales Verhalten
- Rücksichtnahme
- Streiten
- Fürsorge
- Verantwortung
- Pünktlichkeit, Ordnung, Zuverlässigkeit

Es ist die Familie, die Sicherheit und Geborgenheit gibt:
- gemeinsam Schwierigkeiten meistern
- jemanden zum Reden haben
- Hilfe und Unterstützung geben, ideell und materiell
- Selbstwertgefühl erleben
- akzeptiert und geliebt werden
- Betreuung von Kranken und Alten

Wir brauchen Nachkommen:
- Sicherung von Arbeitsplätzen
- Sicherung von Renten
- Sicherung des Leistungsstandortes Deutschland
- Sicherung eines menschlichen Umgangs in sozialer Verantwortung gegen Vereinsamung und Individualisierung

11. Formuliere den zweiten Teil des Referats mithilfe der Kärtchen aus.

12. Formuliere eine Überleitung zwischen erstem und zweitem Teil.

13. Trage den zweiten Teil vor.

14. Schreibe einen Schluss für dein Referat.

15. Trage mit einem Partner das gesamte Referat vor.

Zur Vorbereitung des Vortrags gehört auch, zu überlegen, welche Medien das Gesagte für die Zuhörer sinnvoll ergänzen könnten, um es so leichter im Gedächtnis zu verankern, z.B.:

Laptop/Beamer	→	Powerpointpräsentation
Flipchart	→	Flussdiagramm
Kassettenrekorder/CD-Player	→	Tonbeispiele/Musik
Pinnwand	→	Fotos/Plakate/Karten/Bilder
Plakate/Karten	→	Wandzeitung
Filmgerät/Videorekorder	→	Filme/Filmausschnitte
Diaprojektor	→	Diaserie
Tafel	→	Thema/Stichworte
Overheadprojektor	→	Folien/Foliensätze

Medien können natürlich gemischt eingesetzt werden. Für die Zuhörer ist es hilfreich, wenn viele Sinne genutzt werden.
Folien kannst du z.B. zur Unterstützung des Gesagten verwenden, um dem Vorgetragenen eine Struktur zu geben. Nutze Folien auch zur Erheiterung deines Publikums – durch eine Karikatur am Anfang oder am Ende deiner Präsentation oder während einer Pause. Schaubilder und Diagramme können auch an einer Pinnwand aufgehängt werden und erleichtern es, das Gesagte zu verstehen.

16. Lies noch einmal dein Referat (Aufgabe 15) durch. Überlege, welches Bildmaterial, welche Ton- oder Filmträger deinen Vortrag unterstützen könnten. Verwende eventuell Persönliches aus dem Familienalbum.

17. Zum Thema Familie gibt es auch eine Anzeigenkampagne der Bundesregierung. Schreibe zu der folgenden Anzeige einen begleitenden Werbe- oder Informationstext und trage ihn als „Werbespot" vor.

Eine Rede halten

„Der erste Eindruck ist entscheidend – doch der letzte bleibt!" *Und:* *„Man kann über alles reden, nur nicht über 20 Minuten!"*

Vor dem Halten deiner Rede solltest du
- dich mit dem Raum und der Technik vertraut machen
- alles pünktlich fertig haben und Hektik vermeiden
- Materialien, die du präsentierst, sauber und auch von der hintersten Bankreihe aus gut lesbar dargestellt haben.

Vortragsregeln

Für das Vortragen gibt es sechs einfache Regeln:

1. **Sprich nur so sachorientiert wie nötig!**
   Reduziere eher, als dass du zu viel sagst, nenne nicht alle Fachbegriffe, ersetze Fremdwörter, nenne nicht alle Zahlen. Vermeide es, deine Zuhörer mit Informationen zu überschütten.

2. **Sprich verständlich!**
   Vereinfache deine Sprache, sprich langsam und deutlich. Komplexe Sätze und schwierige Wortkonstruktionen können beim Hören schlechter erfasst werden als beim Lesen. Sage nur das, was du selbst verstanden hast.
3. **Wähle das richtige Tempo!**
   Sprich langsam, aber nicht zu langsam und monoton, auf keinen Fall zu schnell – das Referieren dauert länger als Vorlesen! Gönne dir Pausen! Verfahre beim Anheften von Papieren so: Lies zuerst vor, hefte an und erläutere dann.
4. **Sprich strukturiert!**
   Erstelle dazu eine Gliederung.
5. **Sprich möglichst frei!**
   Entscheide selbst, mit welcher Methode – deine Glaubwürdigkeit hängt davon ab. Halte Blickkontakt zum Publikum, auch zu den hinteren Reihen.
6. **Sprich möglichst zuhörerorientiert!**
   Sprich die Leute direkt an, beziehe sie durch Impulse immer wieder ein, halte Blickkontakt. Rede niemals zur Wand hin, auch nicht mit dem Blick zum Boden, zur Decke oder zum Fenster. Unterbrich deinen Vortrag, wenn die Zuhörer unaufmerksam sind. Wenn ein Fehler passiert, korrigiere und entschuldige dich.

Zusammenfassend zeigt dir die folgende Mind-Map noch einmal die wichtigsten Punkte für eine gute Präsentation:

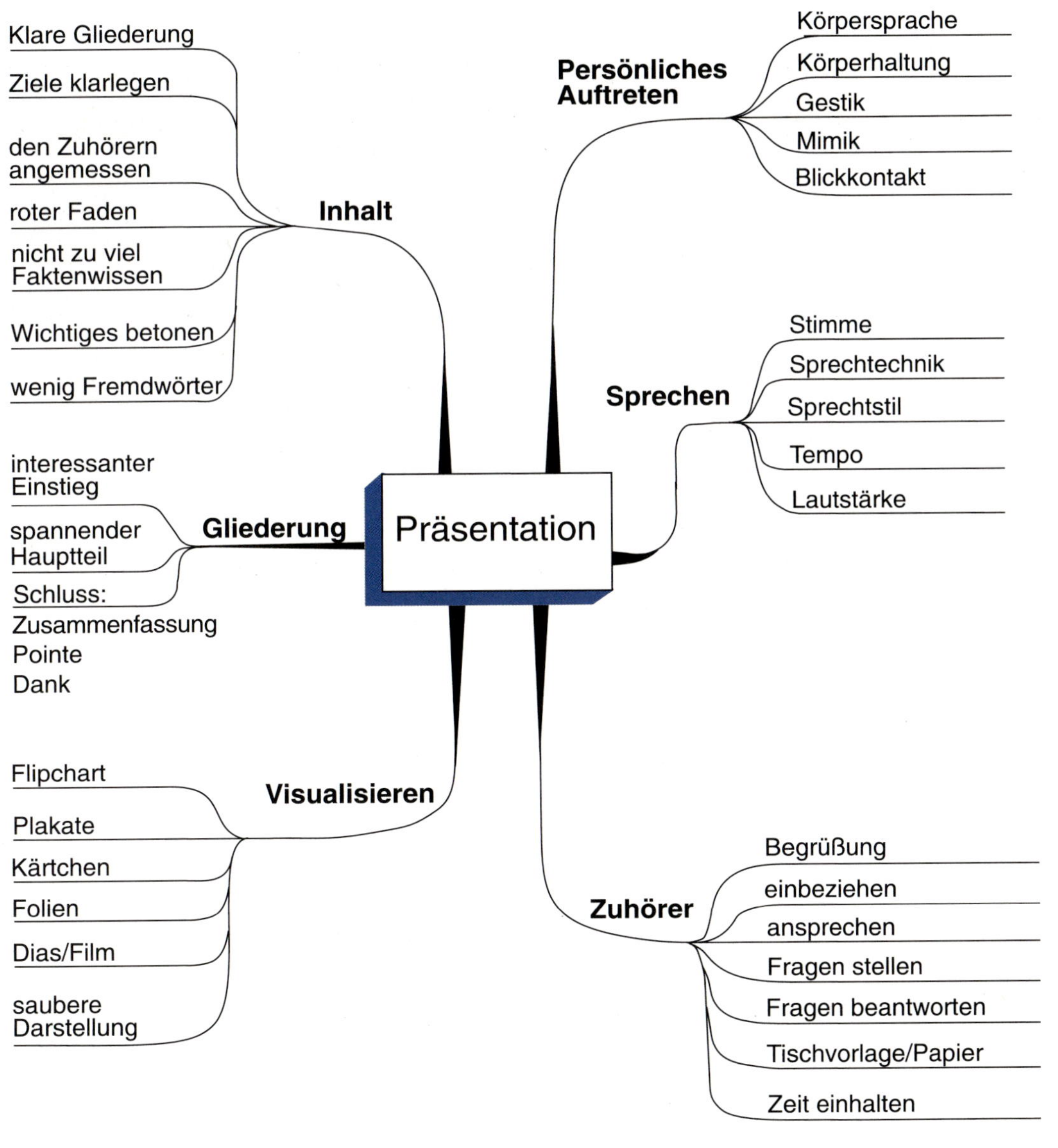

18. Auf Insel 1 hast du den Schreibanlass zum Thema „Mobilität" kennen gelernt: Ein Projekt soll abschließend in der Schule anhand von kurzen Reden präsentiert werden. Bausteine für dein Redemanuskript hast du vielleicht schon auf den vorigen Inseln erstellt. Wenn du noch keinen Entwurf hast, musst du natürlich zunächst das genaue Thema festlegen und auf die vorigen Inseln zurückgehen (als Grundlage kann dir der Cluster von Insel 1, Seite 10 dienen, der Fragebogen von Insel 2, Seite 15 oder ausgewertete Informationen aus Texten und Schaubildern von Insel 3).
Erarbeite dir nun für die Rede die Methode des freien Ablesens. Daraus entwickelst du dann die Kärtchen-Methode.

19. Probiere das Halten deiner Rede vor Mitschülern aus. Achtet dabei gegenseitig auf eine sinnvolle Kritik. Je öfter du übst, um so sicherer wirst du und erst wenn du es ausprobiert hast, weißt du, was du kannst.

20. Baue nun deine Rede zu einer Projektpräsentation aus, in der du auch Grafiken, Statistiken u. Ä. verwendest, die auf Plakaten, Folien oder über einen Beamer dargestellt werden.

Register

Bildquellenverzeichnis

14: © Microsoft Encarta Enzyklopädie 2001 – **21**: Verlagsarchiv Schöningh/Volker Kipp – **30**: dpa (Stephan Jansen) – **35**: Aus: Heinz Kaiser u. a.: Zukunft gestalten – Politik, Kieser Verlag, Neusäß 1996, S. 11 – **42**: © Tomaschoff/CCC, www.c5.net – **43**: © Pepsch Gottscheber/CCC, www.c5.net – **75**: Aus: Schreibkonferenzen in Klasse 3 und 4, © 1992 Cornelsen Verlag Scriptor GmbH & Co., Frankfurt am Main – **78**: Bernd Karst, Bingen – **80, 86 (2)**: Verlagsarchiv Schöningh/Gerhard Sander – **90**: Bundesministerium für Familie, Senioren, Frauen und Jugend

Liebe Schülerinnen und Schüler,

wenn ihr mit diesem Heft gearbeitet habt, sind sicher interessante argumentative Texte zu den Themen „Familie“ und „Mobilität“ entstanden.

An euren Produkten haben wir Interesse! Wir möchten in einer zweiten Auflage jeweils ein vorbildliches Beispiel zu jedem Thema in den Anhang des Heftes aufnehmen und würden uns deshalb über die Einsendung von Texten, die ihr für besonders gelungen haltet, freuen.

Vergesst nicht, euren Namen und die vollständige Adresse zu notieren – den Autorinnen und Autoren der von uns ausgewählten Texte winken schöne Buchpreise!

Adresse:

An den
Schöningh Verlag
Jühenplatz 1–3
33098 Paderborn

Stichwort: Argumentieren